Michil Costa

# Raus aus dem Rummel!

Ein Plädoyer gegen die touristische Monokultur

Vorwort von Massimo Cacciari
Aus dem Italienischen von Annette Rübesamen

RÆTIA

# Vorwort

Michils Buch ist ein langer, mitreißender Ausflug in die Geschichte seiner Berge und deren Metamorphosen, die er miterlebt hat. Es ist ein Streifzug durch Begegnungen, die ihn geprägt haben, und durch Stimmen, denen er gelauscht hat. Wie alle echten Geschichten ist auch Michils Geschichte dramatisch. Er erzählt sie ohne Sentimentalitäten und überflüssige Nostalgie.

Alles Lebende gehorcht der Ordnung der Zeit. Oder existiert eine Dimension des Lebens, die sich dieser Ordnung entzieht? Michil glaubt ganz offensichtlich daran, sicher aber weiß er es nicht und hält deshalb sensibel Distanz zu der Frage. Was wir wissen, ist, dass sich Berge, Wälder, Bäche ebenso verbrauchen wie die Menschen, die mit ihnen zusammen-leben. Dass sich etwas verbraucht, bedeutet nicht, dass es sich in Nichts auflöst. Doch es verwandelt sich. Das Problem liegt nun darin, dieser unaufhaltsamen Transformation einen Sinn zu geben, ein Ziel, einen Horizont. Mit seinem Buch, in dem er seine eigene Erfahrung\*, sein eigenes Reisen erzählt, versucht Michil ganz ohne oberlehrerhaftes Gebaren aufzuzeigen, welchen Sinn die unausweichliche Transformation der Berge sowie der wichtigen Wirtschaftsstruktur, die sich dort herausgebildet hat, und der menschlichen Aktivitäten, die sie prägen, heute haben kann.

Michil ist ein leidenschaftlicher Unternehmer. Das gefällt mir: So sehr er sein Mutterland\* liebt (das Vaterland ist letztlich immer mütterlich), so wenig vergisst er, dass er darin wirkt und arbeitet. Und dass Arbeit auch Gewinn hervorbringen muss, für den Unternehmer selbst und für die anderen. Es braucht intelligente Unternehmer – Michil ist einer und er fordert, dass auch die anderen lernen, solche zu sein. Denn das Erbe muss

---

\* Deutsch im Original

wertgeschätzt und darf nicht verramscht werden. Das Erbe ist im Wesentlichen Umwelt, Landschaft, Schönheit. Diesen Reichtum zu ruinieren und zu zerstören, käme der Selbstzerstörung gleich. Aufgrund des extrem beschleunigten Wachstums kann das heute sehr schnell geschehen: Gebiete, die sich über viele Jahrhunderte hinweg und bis vor 50 Jahren kaum verändert haben, sind heute von einer Transformation bedroht, die oft genug die Vergangenheit gewaltsam zu leugnen scheint. Michil zeigt uns, dass all dies kein unausweichliches Schicksal sein muss, dass man sich diesen Tendenzen widersetzen kann. Er zeigt es anhand von konkreten Projekten, nicht von abstrakten Utopien. Was er vorschlägt, ist eine konstruktive, realistische Form des Umweltschutzes. Wie unsere Welt sie wirklich braucht.

Ein intelligenter Unternehmer weiß nicht nur, dass der Schutz des Ökosystems, in dem er tätig ist, zunächst ihm selbst obliegt, sondern auch, dass sein Unternehmen, ob er will oder nicht, heute umfassende soziale Auswirkungen hat: im Negativen, wenn das Unternehmen auf sich selbst und seine eigenen „kurzfristigen" Vorteile fokussiert ist, wenn es aus der „Umwelt" alle Ressourcen saugt und sich nicht um die „Energie" kümmert, die es selbst zurückgibt. Im Positiven, wenn das Unternehmen alle Interessen berücksichtigt, die in seinem Handlungskontext vorkommen, und sie, wenn möglich, auch befriedigen will.

**Massimo Cacciari**
*Philosoph, emeritierter Professor für Ästhetik an der Universität von Venedig und ehemaliger Bürgermeister von Venedig*

Foto S. 8–9:
Ernesto Costa – der Vater von Michil Costa

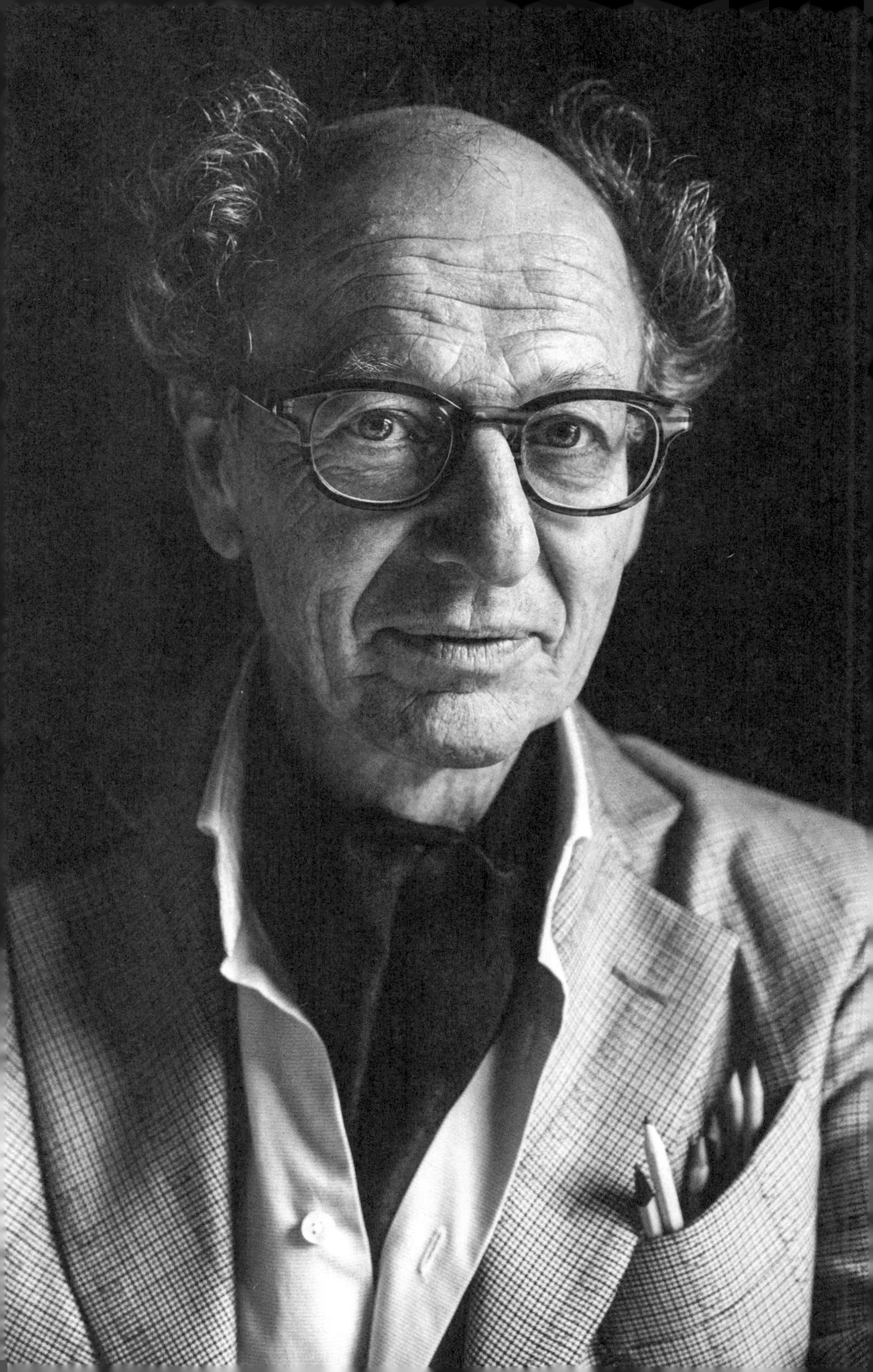

# Einleitung

In unseren Familienbetrieb, das Hotel La Perla in Corvara, stieg ich Anfang der 1980er-Jahre ein. Damals interessierte sich kein Mensch dafür, was Tourismus war und welche Werte er verkörpern sollte. Auch Marketing war kein Thema. Es ging nur darum, die Arbeit zu tun, und zwar so, wie man sie immer schon getan hatte: indem man die Ärmel hochkrempelte und sich richtig reinhängte. Anni und Ernesto, meine Eltern, waren Tag und Nacht im Hotel präsent; das Gastgewerbe lag ihnen im Blut. Von ihrem leuchtenden Vorbild habe ich in all den Jahren am meisten gelernt für meinen Beruf. Um zu begreifen, was echte Gastfreundschaft bedeutete, brauchte ich nur ihrem Beispiel zu folgen. Doch die Zeiten ändern sich. Die 1980er-Jahre liegen lange zurück, und heute stehen wir an einem konkreten Scheideweg. Angesichts eines Tourismus, der zu einem gewaltigen, bedrohlichen Moloch herangewachsen ist, müssen wir eine klare, eindeutige Richtungsentscheidung treffen. Das vorliegende Buch möchte einerseits ein paar Gedanken zu diesem Thema formulieren, andererseits aber auch zum Nachdenken anregen: Welche Route führt uns am ehesten auf einen Gipfel (die Metapher muss erlaubt sein, wir sind Bergbewohner!), der nicht nur aus ungehemmtem Flächenfraß, skrupelloser Raumplanung und reiner Profitgier besteht?

Der Tourismus im Gadertal, einem Südtiroler Dolomitental, das vom Pustertal zum Sellastock und in Richtung Veneto führt, begann Anfang der 1950er-Jahre. Davor lebten die Menschen hier hauptsächlich von der Landwirtschaft. Der Fremdenverkehr bot die große Gelegenheit zu einer wirtschaftlichen Entwicklung, die den harten Gebirgsalltag leichter machte. Es gab damals keine Vorbilder, denen man hätte folgen, auch keine Hotelschulen, die man hätte besuchen können, und schon gar keine Leitideen zum Thema Tourismus, an denen man seinen Betrieb ausrichten konnte. Man war einfach fleißig darum bemüht, den Gast so gut wie möglich zu beherbergen und zu bewirten. Diese Gastgeber der ersten Stunde probierten aus, was funktionieren könnte und was zu ihrem persönlichen Wertesystem passte – Rücksicht, Freundlichkeit, Demut. Nach dem Wirtschaftsboom sorgte in den 1970er-Jahren der aufkommende Wintertourismus dafür, dass Wirtschaft und Bautätigkeit im ganzen Tal aufblühten. Seither macht der Tourismus den Großteil unseres Lebens aus. Ich habe in diesem Buch daher allgemeine Überlegungen zum Thema mit persönlichen Erfahrungen aus meinem Leben verknüpft, von denen ich glaube, dass sie die Tourismuswelt in ihrer Gesamtheit deutlicher und greifbarer machen können.

Heute stehen wir auf dem Gipfelpunkt dieser Entwicklung. Und zugleich vor einem Paradoxon: Die extreme Optimierung innerhalb der Hotelbranche hat den Tourismus so stark industrialisiert, dass bei vielen Akteuren – darunter auch Hoteliers – das Bedürfnis wächst, die touristische Arbeit wieder mit tieferem Sinn zu füllen. Ich selbst bin der Sohn zweier echter Pioniere des Südtiroler Tourismus und der älteste von drei Brüdern. Auch Mathias und Maximilian, meine wunderbaren Brüder, hatten entscheidenden Anteil an der Entwicklung unseres Hotelbetriebs. Nachdem ich selbst die Entwicklung des Tourismus von den heroischen Anfängen in den 1970er- und 80er-Jahren bis heute miterlebt habe, müsste ich eigentlich stolz darauf sein, was wir in einem so abgelegenen Tal wie dem unseren mit harter Arbeit geschaffen haben. Stattdessen kriege ich Bauchweh, wenn von der Tourismusindustrie die Rede ist. Damit wir uns richtig verstehen: Die Industrialisierung des Tourismus kann, wie andere

Branchen auch, vor allem in wirtschaftlicher Hinsicht zu positiven Ergebnissen führen, wenn sie richtig angepackt wird. Doch die große Frage, die zu stellen wir nie die Zeit hatten, als der Tourismus in unserem Tal durchstartete, ist bis heute unbeantwortet geblieben: Welchen Sinn, welche Bedeutung soll der Tourismus bei uns haben? Wollen wir eine Industrie, die einzig und allein die Gewinnmaximierung verfolgt? Oder streben wir eine hochwertige Gastfreundschaft an, die auf tieferen Werten wie Solidarität, Gemeinwohl, Nachhaltigkeit und Humanität beruht? Es steht wohl außer Frage, wofür sich die Leute eher entscheiden würden. Doch wenn wir das Thema vertiefen, werden wir feststellen, dass es für uns nur einen Weg aus der touristischen Identitätskrise geben kann, in der wir feststecken: Wir müssen ein Gleichgewicht zwischen diesen beiden Extremen finden und damit zugleich ein harmonisches Verhältnis zwischen dem Menschen und seiner Umwelt. Nur wenn wir Zukunftsperspektiven entwickeln, die einen echten Sinn haben, wenn wir in Gemeinwohl-Zusammenhängen denken, können wir eine konkrete Alternative zum grassierenden Rummelplatz-Tourismus in den Alpen entwickeln. Denn dieser Tourismus verschleißt nicht nur die grandiose Natur, mit der wir beschenkt wurden, sondern bedroht auch unsere Identität. Wir haben keine Wahl – wir müssen handeln. Es liegt in unser aller Interesse.

## Alpiner Rummelplatz-Tourismus

Wenn in unseren Bergen die Natur nur noch als Kapital betrachtet wird und Profit das einzige Unternehmensziel ist, wenn touristische Monokultur herrscht statt einer Kultur der Gastfreundschaft, wenn Massentourismus den Platz eines bekömmlichen Miteinanders einnimmt, dann nenne ich das „alpinen

Anni Costa mit den Söhnen Mathias und Michil

Rummelplatz-Tourismus". Was ich damit meine, ist eine bestimmte Form der Kommerzialisierung. Die Schaffung einer falschen, auf Klischees und vermeintlichen Erwartungen basierenden Vorstellungswelt, der jedes Gefühl und jede Wahrhaftigkeit fehlt. Dieser Tourismus hat für mich fast schon pornografischen Charakter, denn er ist eine obszöne Zurschaustellung ungleicher Kräfteverhältnisse: auf der einen Seite Beton und Spekulation als Faktoren maskuliner Unterwerfung, auf der anderen Seite die Natur, reizvoll und attraktiv, aber unterdrückt und mit all ihrer Schönheit und ihren Reizen zur Prostitution gezwungen. Es geht mir gar nicht um den moralischen Aspekt eines solchen touristischen Betriebs, es ist nur eine Feststellung: Diese Form des Tourismus bedeutet das Ende des Tourismus. Ich bin aber überzeugt, dass der Tourismus eine Zukunft haben kann. Dass er sich neu erfinden kann. Dazu muss er den großen Rummel, den er selbst geschaffen hat, hinter sich lassen. Das funktioniert nur, wenn der Tourismus in eine neue Dimension übergeht. Eine Dimension, in der das Prinzip der Gastfreundschaft die verdiente Wertschätzung erfährt.

Es war irgendwann Anfang der 1980er-Jahre – die touristische Entwicklung der Alpen war in vollem Gange und der ganz große Boom gerade vorüber – als allmählich das alte, tradierte Bewusstsein von Gastfreundschaft verloren ging und sich stattdessen das künstliche Inszenieren alpiner Kultur breitmachte. Man begann, nostalgisch eine heile Märchenwelt zu stilisieren, à la Heidi auf der Alm, die es in dieser Form wahrscheinlich nie wirklich gegeben hatte: urige Holzhütten und Herzchen, Dirndl und Strudel, heitere Volksmusik, warme Kachelöfen und eine Oberflächlichkeit, die hart an primitivste Heuchelei grenzte. Diese pseudoalpine Soße wurde über die ganze touristisch Bergwelt ausgegossen – die Disneyfizierung des Alpentourismus nahm ihren Lauf. Ohne Halt und ohne jeden Respekt für das,

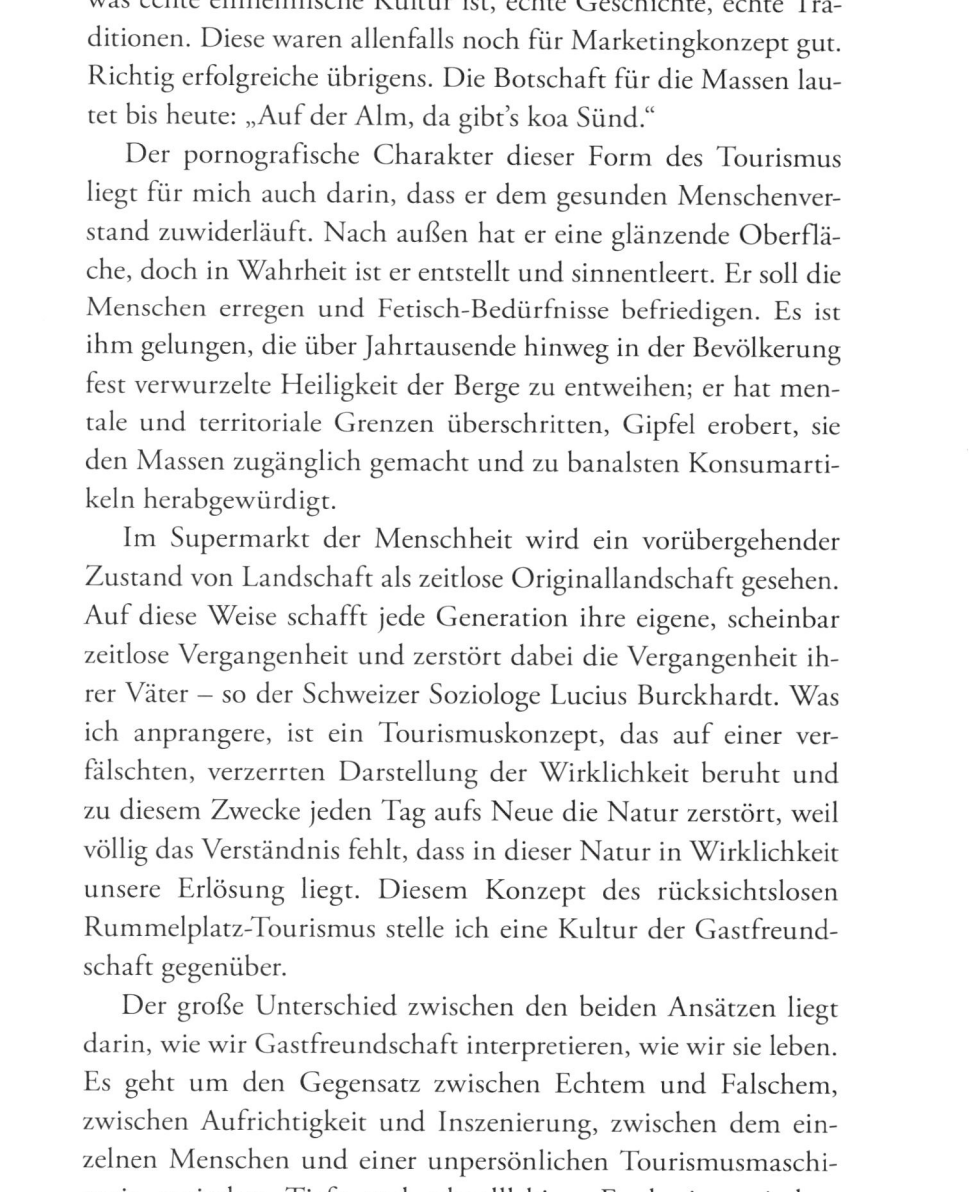

was echte einheimische Kultur ist, echte Geschichte, echte Traditionen. Diese waren allenfalls noch für Marketingkonzept gut. Richtig erfolgreiche übrigens. Die Botschaft für die Massen lautet bis heute: „Auf der Alm, da gibt's koa Sünd."

Der pornografische Charakter dieser Form des Tourismus liegt für mich auch darin, dass er dem gesunden Menschenverstand zuwiderläuft. Nach außen hat er eine glänzende Oberfläche, doch in Wahrheit ist er entstellt und sinnentleert. Er soll die Menschen erregen und Fetisch-Bedürfnisse befriedigen. Es ist ihm gelungen, die über Jahrtausende hinweg in der Bevölkerung fest verwurzelte Heiligkeit der Berge zu entweihen; er hat mentale und territoriale Grenzen überschritten, Gipfel erobert, sie den Massen zugänglich gemacht und zu banalsten Konsumartikeln herabgewürdigt.

Im Supermarkt der Menschheit wird ein vorübergehender Zustand von Landschaft als zeitlose Originallandschaft gesehen. Auf diese Weise schafft jede Generation ihre eigene, scheinbar zeitlose Vergangenheit und zerstört dabei die Vergangenheit ihrer Väter – so der Schweizer Soziologe Lucius Burckhardt. Was ich anprangere, ist ein Tourismuskonzept, das auf einer verfälschten, verzerrten Darstellung der Wirklichkeit beruht und zu diesem Zwecke jeden Tag aufs Neue die Natur zerstört, weil völlig das Verständnis fehlt, dass in dieser Natur in Wirklichkeit unsere Erlösung liegt. Diesem Konzept des rücksichtslosen Rummelplatz-Tourismus stelle ich eine Kultur der Gastfreundschaft gegenüber.

Der große Unterschied zwischen den beiden Ansätzen liegt darin, wie wir Gastfreundschaft interpretieren, wie wir sie leben. Es geht um den Gegensatz zwischen Echtem und Falschem, zwischen Aufrichtigkeit und Inszenierung, zwischen dem einzelnen Menschen und einer unpersönlichen Tourismusmaschinerie, zwischen Tiefe und schnelllebiger Euphorie, zwischen

15

Authentizität und Fiktion. Im Rummelplatz-Tourismus bemisst sich der Wert eines Touristen hauptsächlich nach seinem Beitrag zum Business. In der Kultur der Gastfreundschaft wird Natur weder zerstört noch ausgebeutet. Sie schärft vielmehr das Bewusstsein dafür, dass die ökologische Auslaugung unserer Welt Hand in Hand geht mit der Verödung der Menschen selbst.

Die folgenden Seiten sind die Frucht meiner persönlichen Erfahrungen als Hotelier und Hotelierssohn. Mein Privatleben hat ebenso Eingang gefunden wie allgemeine Fakten. Manche Empfindungen haben sich zu Feststellungen verdichtet. Dabei vergeht die Zeit und Tag für Tag nimmt sie immer deutlicher die Form eines Berges an, dessen Gipfel wir unbedingt ersteigen möchten. Auf Zehenspitzen und ohne Lärm zu machen.

**Anmerkung:** *In diesem Buch verwende ich viele Zitate aus der griechisch-römischen Antike. Dies geschieht einerseits aus großer Begeisterung für die hellenische Kultur und andererseits, weil diese sich meiner Meinung nach hervorragend eignet, um eine Verbindung zwischen den verschiedenen historischen Epochen und Gesellschaftsformen herzustellen. Die Klassiker helfen uns, die Welt besser zu verstehen, und sie helfen auch uns selbst. Weisheit ist der rote Faden, der die Menschheit – und zwar die ganze Menschheit – zusammenhält.*

*Wer die Gegenwart zu verstehen sucht, indem er über die Vergangenheit nachdenkt, wird leichter erkennen, wie die Zukunft aussehen könnte.*

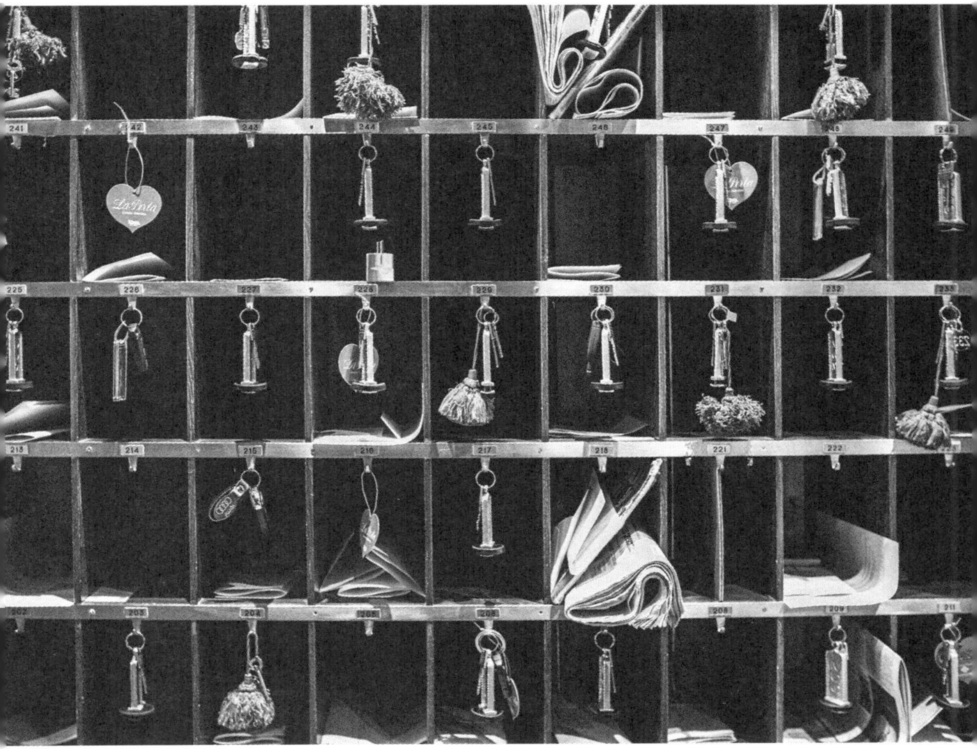

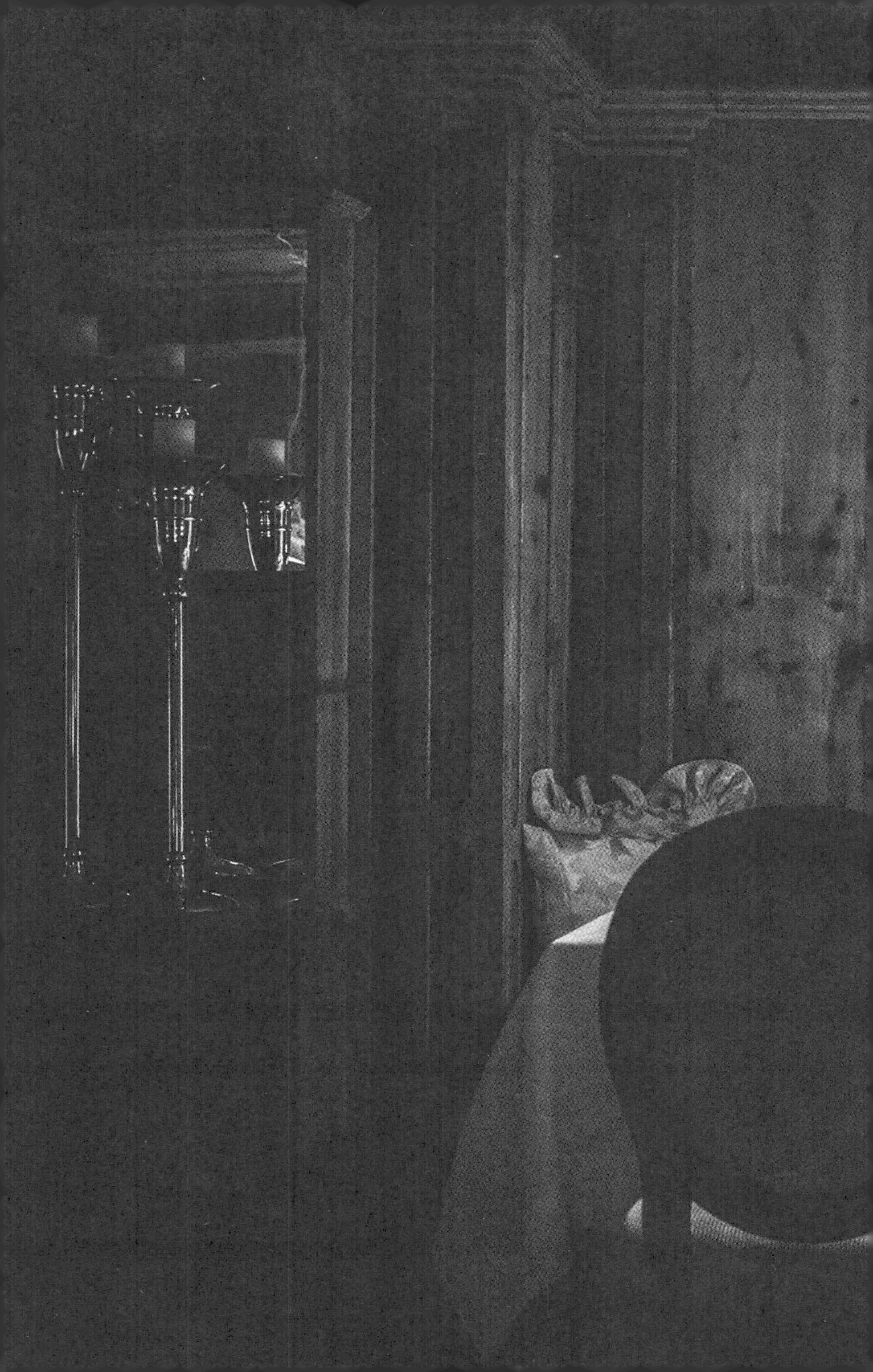

# Die Reise

Gastfreundschaft
und Tourismus

Da sah ich ein, dass der Mensch (…)
das Tun Gottes in seiner Ganzheit nicht wieder
finden kann,
das Tun, das unter der Sonne getan wurde.
Deshalb strengt der Mensch, danach suchend, sich an
und findet es doch nicht wieder.
Selbst wenn der Gebildete behauptet, er erkenne –
er kann es doch nicht wieder finden.


Kohelet

# Über die Begegnung
*Gemeinschaft, Kultur und Umwelt*

Es war einmal ein Gebirge mit allem, was dazugehört: eisigem Wind, Schneehühnern und blau schimmernden Gletschern im Winter; nickenden Glockenblumen und samtigen Edelweiß im Sommer. Eine Welt im Gleichgewicht. Gämsen kletterten auf der Suche nach dem ersten Frühlingsgrün die Kare hoch, und im Herbst sammelten die Murmeltiere fleißig Futter für die Wintermonate. Dieses Gebirge war weder schön noch hässlich; es war einfach da, seit Jahrmillionen schon. Dann kamen die ersten Menschen des Weges. Sie gingen noch gebeugt, aber schon auf zwei Beinen. Sie hatten sich Tierfelle übergeworfen und trugen Pfeile und rudimentäres Steinwerkzeug mit sich. Die Natur war feindlich, überall drohte Gefahr. Als die Menschen das Gebirge sahen, warfen sie sich vor ihm zu Boden. Die nächsten Jahrtausende bewunderten sie diese Berge immer nur von unten. Ihre Gipfel zu entweihen, wagten sie nicht. Das Gebirge kam ihnen schön vor, großartig, strahlend und majestätisch, weckte aber auch Angst und Beklemmung, wie alles Heilige. So sah die erste Begegnung zwischen den Menschen und den Dolomiten aus. Danach dauerte es nicht mehr allzu lange, bis die ersten Forscher anreisten, Wissenschaftler, Geologen. Auf den Schotterkaren, einst exklusives Revier der Gämsen und Steinböcke, waren nun Menschen unterwegs, die von weit her gekommen waren. Auf deren anfängliche Entdeckerfreude folgte die Lust am Besitz. Die Menschen griffen zu Sprengminen und Dynamit; aus Begegnung wurde Zusammenstoß. Erst brachten die Menschen in diesem Gebirge nur die Tiere um, später auch sich gegenseitig. Am Schluss schlossen sie wieder Frieden, setzen sich an einen Tisch, sprachen miteinander. Und machten sich dann gemeinsam daran, weitere Orte zu erobern, die einst als unzugänglich gegolten hatten. Sie fuhren übers Meer, zu den Polen, gruben sich tief in die Erde hinein. Ihr Eroberungshunger war unersättlich. Selbst auf dem Mond landeten sie.

Jedes Mal, wenn ein Mensch in der Vorzeit einem anderen begegnete, hatte er die Wahl zwischen drei Möglichkeiten: Er konnte dem anderen die Keule über den Kopf ziehen, sich wie ein scheues Reh vor ihm verstecken oder aber mit ihm sprechen. Wenn Menschen miteinander sprachen, konnten sie einander verstehen, und wenn sie einander verstanden, konnten sie gemeinsam die Welt erobern. Jede Eroberung beginnt mit einer Reise. Die ganze Menschheitsgeschichte dreht sich ums Reisen, als wäre das Reisen ihr eigentlicher Wesenskern. Die legendärste Reise überhaupt ist die Odyssee. Odysseus, der Listenreiche, unterscheidet sich von anderen Heldengestalten. Er duelliert sich nicht gern; lieber lockt er den Gegner in einen Hinterhalt. Er verkörpert den Typ Mann, der die Hürden des Lebens mit Fantasie, Neugier und Intelligenz nimmt. Weil er aber permanent betrügt und täuscht, zieht er sich den Zorn der Götter und der Menschen zu. Zur Strafe muss er jahrelang über die Meere irren. Er muss viele furchtbare Prüfungen überstehen, bevor er auf seine Heimatinsel Ithaka zurückkehren darf. Odysseus wird als Held sehr unterschiedlich interpretiert: Homer hebt ihn in den Himmel, in der Vorstellungswelt und Literatur späterer Epochen dagegen gilt er als Negativbeispiel, als die Verkörperung von Hinterlist, Gewalt, Zynismus und Perfidie. Im Theater des antiken Athen etwa fungiert Odysseus oft als negativer Protagonist, als dreister Erdenbürger ohne Respekt für die guten alten Werte. Bei Dante wird Odysseus in die Hölle verdammt; hier steht er für das Aufbegehren des Menschen gegen die von Gott gesetzten Grenzen, zugleich aber auch für die unwiderstehliche Faszination des

Wissensdurstes. Erst die Romantik verhilft Odysseus wieder zu Wertschätzung, weil sie in ihm einen dieser Helden erkennt, die tapfer gegen ihre Bestimmung ankämpfen. Im 20. Jahrhundert beschreibt James Joyce in seinem *Ulysses* den Archetypus des Vagabunden, des modernen Mannes mit all seinen Alltagsqualen. Was das endlose Herumirren – oder Herumreisen – des Odysseus grundsätzlich auszeichnet, ist das mutige, heroische Überschreiten der Grenzen des Bekannten. Eine Reise verwandelt den Reisenden von dem Moment an, in dem er sie antritt. Sie macht ihn zu einem anderen Menschen, projiziert ihn an andere Orte. Als läge das eigentliche Ziel nicht im Besuch unbekannter Orte, sondern im Annehmen einer neuen Sichtweise, im Blick in die Ferne und in sich selbst. Odysseus verkörpert die Gestalt des mutigen Reisenden der Antike. Im Reisen sucht er nicht nur Freiheit und Wissen, sondern irgendwann auch wieder sein Zuhause, was sich in gewisser Weise paradox anhört. Claudio Magris schreibt: „Reisen heißt, sich immer gleichzeitig im Unbekannten und zu Hause zu fühlen, und das im Wissen, kein Zuhause zu haben, kein Haus zu besitzen. Wer reist, ist immer ein Streuner, ein Fremder, ein Gast." Wenn einer nach einer Reise nach Hause zurückkehrt, findet er stets einen anderen Ort vor als den, den er verlassen hat – auch wenn er genauso aussieht wie vorher.

Reisen helfen uns dabei, alte Zwänge und Gewohnheiten loszuwerden. Neues kennenzulernen, um sich auf diese Weise selbst zu ergründen, ist ein menschliches Urbedürfnis. Doch eine Reise, die derart in die Tiefe geht, darf nicht oberflächlich verlaufen; sie muss klug, bewusst und ohne Hektik angegangen werden. Sie bedeutet die Rückkehr in uns selbst, in das griechische „Nostos". Aus diesem „Nostos" hat sich übrigens der Begriff der Nostalgie entwickelt – Entbehrung und Schmerz sind damit gemeint, zugleich aber auch Wissen und Trauer um Dinge, die wir geliebt haben und die uns verloren gegangen sind. Dieser tief verwurzelte, menschliche Urinstinkt ist immer schon die Quintessenz all unseres Reisens gewesen. Heute versuchen die Menschen meistens, die Mühsal des Reisens durch immer raffinierteren Komfort abzumildern, doch das stumpft leider auch ab. Was bleibt dann noch von unserer Reiseerfahrung? Höchstens, etwas Neues gesehen zu haben. Aber nicht, wirklich gereist zu sein. Zu langsamer Fortbewegung ist der Mensch offenbar nicht fähig. Immer will er noch einen Zahn zulegen. „Citius, altius, fortius" – „Schneller, höher, stärker" – lautet das Motto der Olympischen Spiele der Neuzeit. „Lentius, profundius, suavius" setzte dem Alexander Langer entgegen, der 1995 verstorbene Umwelt- und Friedensaktivist aus Südtirol. Sein viel zitiertes „Langsamer, tiefer, sanfter" war ein fantastischer Gegenvorschlag. Langer wollte es *slow*, wie wir heute sagen, wollte bewusst praktizierte Langsamkeit statt des zwanghaften Hyperwachstums unserer jüngeren Vergangenheit. Anfang des 20. Jahrhunderts, als alle glaubten, dass man mit Tempo, Technik und Wissenschaft die Probleme der ganzen Welt in den Griff kriegen könne, bekamen wir den Beweis dafür geliefert, dass das große Wettrennen um den Fortschritt auch gewaltig schiefgehen konnte: Im April 1912 sank die Titanic, der größte und luxuriöseste Dampfer aller Zeiten. Mit ihr ging der große Traum der Belle Époque unter, in die Tiefe gezogen von übertriebenem Hedonismus, heiß gelaufener industrieller Revolution, zu vielen Missverständnissen. Die Titanic sank, weil sie die Schnellste sein wollte. Die Belle Époque selbst läutete mit ihrer Maßlosigkeit die Katastrophe aller Katastrophen ein: Der Krieg, der das Ende aller Kriege hätte bedeuten sollen, entwickelte sich zu einem insgesamt 30 Jahre währenden Konflikt aus zwei Weltkriegen, die nur von einer kurzen Waffenruhe unterbrochen wurden. Die Titanic, die schon mal in eine glänzende technologische Zukunft vorfahren sollte, brachte die Menschheit in Wirklichkeit ganz woandershin.

Wahren Fortschritt bedeutet eine Reise erst dann, wenn sie uns näher an unsere Mitmenschen heranbringt. Wenn sie eine bessere, leichtere, freiere Welt möglich macht. Wohin soll uns unsere Reise führen? Darum soll es in diesem Buch gehen. Zwei Wege sind bereits vorgezeichnet. Es gibt den breiten Highway für den unbewusst Reisenden, den Touristen (einen Typ Mensch, der vermutlich irgendwo in großem Stil vom Fließband läuft), der sich hauptsächlich für oberflächliche Spaß- und Konsumerlebnisse interessiert. Seine Reisen dienen dem Zeitvertreib. Auf der anderen Seite haben wir den Wanderweg für den bewusst Reisenden, der unterwegs alle Sinne einsetzt, der hören, sehen, schmecken und riechen will. Der reist, um den Kopf frei zu bekommen, und der alles Neue und Unbekannte begeistert aufsaugt.

Dieser Reisende traut sich, Bekanntes hinter sich zu lassen; er reist um des Reisens willen. Tourismus ist heute sowohl für die Nachfrage- als auch für die Angebotsseite eine Art kulturelles Nebenprodukt, das den Bewegungsdrang der Menschen instrumentalisiert, um ihn auf einen Konsumartikel reduzieren zu können. Alles basiert auf der Formel des Gebens und Nehmens. Doch die ist angesichts von Tauschgeschäften, die immer gleichförmiger, immer banaler und vorhersehbarer werden, zu einer recht inhaltslosen Gleichung geschrumpft.

Der persische Mathematiker, Philosoph und Dichter Omar Khayyam behauptete, dass Menschen, die reisen, zweimal leben. Reisen macht uns zu aufgeschlossenen, vielleicht sogar zu besseren Menschen. Wir lernen andere Kulturen und Traditionen kennen und schätzen. Jede Reise ist eine Entdeckungsreise, und jede neue Erfahrung lässt uns innerlich wachsen. Denn auch das gehört zum Reisen: der Abschied von vermeintlichen Sicherheiten und Überzeugungen, der Abstand vom Alltagstrott, das Auskommen ohne die vertrauten Gewohnheiten, das mutige

Herumstammeln in einer fremden Sprache, die weit aufgesperrten Ohren und Augen, die Lust auf neue Erkenntnisse.

Heute wird als Synonym zum Reisen oft der Begriff Tourismus verwendet (der übrigens vom französischen Verb „tourner" abstammt, „sich wenden, sich drehen"). Ich fände es schön, wenn wir, die wir im Tourismus arbeiten, uns eine gemeinsame Grundhaltung zu eigen machen würden. Fragen wir uns doch mal, was wir für die anderen tun können. Was kann zum Beispiel ich, Hotelier, für dich tun, ladinischer Bauer, der du in meinem Dorf lebst? Und was kann ich für dich tun, Fischhändler, der du morgens um vier Uhr in Chioggia an der Adria losfährst und all die Serpentinen zu uns in die Dolomiten hochkurvst, um uns mit frischem Fisch zu versorgen? Oder für dich, bosnisches Zimmermädchen, das du deine Familie zurückgelassen hast, um eine ganze Saison lang zu putzen und die Betten zu machen? Was kann ich für dich tun, junger Nigerianer, der du seit sechs Jahren in Italien lebst, die niedrigsten Arbeiten verrichtest und immer noch keine Aufenthaltsgenehmigung besitzt, die wir dir verweigern, weil du ja unseren wirtschaftlichen Interessen schaden könntest? Und was kann ich für euch tun, ihr amerikanischen, russischen und chinesischen Touristen und Touristinnen? Die Antwort darauf lautet immer gleich: Begegnung. In all diesen unterschiedlichen Situationen kann ich (in diesem Fall: der Hotelier) die Bedingungen für echte, authentische Begegnungen schaffen. Echte Begegnungen sind das Salz des Lebens, ein Geschenk des Himmels. Sie lassen uns Verständnis füreinander finden, unabhängig von Kultur, Religion oder Herkunft. Erst wenn wir das Prinzip echter Begegnung verinnerlicht haben, können wir den Tourismus mit neuen Werten füllen und den Touristen mit dem Reisenden wieder in Einklang bringen. Unsere Branche kann diese aussöhnende Dimension besitzen, kann die Wunden heilen, die das Leben geschlagen hat. Dazu muss sie sich aller-

Gastlichkeit heißt liebevolle Sorge um jedes Detail: die Stuben im Hotel La Perla.

dings wieder ein solides, wertiges Fundament bauen, das nicht nur aus Klischees und bequemen Marketinglösungen besteht. „Wir" und „die anderen", das sind keine zwei voneinander getrennten Einheiten. „Wir" und „die anderen" können und sollen zusammenleben und uns gegenseitig beeinflussen, weil davon letztlich beide Seiten profitieren. Gerade in meiner Dolomitenheimat sollte uns diese Erkenntnis leichtfallen, denn als ladinische Minderheit wissen wir genau, wie viel Energie, wie viel Fruchtbares wir aus dem Anderssein schöpfen können. Warum also Angst haben vor dem, der anders ist? Konzentrieren wir uns lieber auf die positiven Kräfte, die aus Diversität entstehen. Der Weg dahin ist mühsam und steinig. Begeisterung allein reicht nicht, um ans Ziel zu kommen; es braucht auch Mut, Demut und Wissen. Und gegenseitigen Respekt.

Durch echte Begegnung können wir die Distanzen reduzieren und anderen Menschen wahre Gastfreundschaft entgegenbringen. Idealerweise nähern wir uns dem anderen auf seiner eigenen Ebene. Eine echte Übung in Demokratie. Demokratie bedeutet nämlich keineswegs, dass alle Menschen absolut gleich sind. Sie fordert allerdings, dass Menschen unterschiedlicher Herkunft aufeinander zugehen, einander begegnen, zusammenleben. Man kann den Beruf des Gastgebers ergriffen haben und es zugleich an wahrer Gastfreundschaft fehlen lassen, und man kann gastfreundlich sein, ohne über luxuriöse Hotelzimmer, eine tolle Küche, ein sensationelles Panorama zu verfügen. Ich habe da mal den Schriftsteller Erri De Luca um seine Meinung gebeten: „Wir sind ungebetene Gäste auf einem uralten Stück Erde", hat er mir geantwortet. „In den Bergen, in den Dolomiten, die ich zu besteigen gelernt habe, ist das Gefühl besonders stark, ein Fremder zu sein, der nur auf der Durchreise ist, der keine Spuren hinterlassen darf."

Ein Gastgebertum, das nach außen hin makellos wirkt, kann richtig schlecht ankommen, wenn keine aufrichtige Gastfreundschaft dahintersteckt. Ähnliches gilt für den Umgang mit Mitarbeiterinnen und Mitarbeitern. Wenn die sich in einem Betrieb wirklich willkommen und herzlich angenommen fühlen, arbeiten sie viel besser, hängen sich rein, wenn Probleme zu lösen sind, nützen sich bietende Gelegenheiten positiv. Wer dagegen nur aufgrund kühlen Kalküls eingestellt wird, fühlt sich im besten Fall irgendwie toleriert, wird sich deshalb auch nicht mit dem Betrieb identifizieren und im Zweifelsfall nur an sich denken und nicht an das große Ganze. Gastgebertum muss stets echte Gastfreundschaft mit einschließen. Und die drückt sich ebenso wenig in unterwürfigem Servilismus den Gästen gegenüber aus wie in selbstherrlichem Auftreten gegenüber den Mitarbeitern. Ein guter Gastgeber beschäftigt sich gerne mit seinem Gegenüber. Wenn er das tut, hilft er nicht nur dem Touristen dabei, ein wahrer Reisender zu sein. Er begibt sich dadurch auch selbst auf Reisen, ohne einen Schritt vor die Tür tun zu müssen. Wichtig ist, dass er echte Liebe in sein Tun steckt. Liebe ist Leben und Leben ist Wahrheit. Hotelier zu sein, ist kein Beruf. Es ist eine Berufung. Hotelier zu sein, heißt nicht nur, Zimmer zu vermieten. Es bedeutet, das Wesen der Menschheit zu ergründen. Die Begriffe Gemeinwohl und Gesamtvermögen passen an dieser Stelle gut. Gesamtvermögen ist die Summe aller individuellen Güter, das Gemeinwohl dagegen ist das Produkt dieser Güter, also das Ergebnis einer Multiplikation. Das Gemeinwohl ist etwas, das sich nicht in seine Bestandteile auflösen lässt, weil es nur in einem gemeinschaftlichen Akt erreicht werden kann. Es ist das Ergebnis der Beziehung des Einzelnen mit der restlichen Gemeinschaft. Ein guter Hotelier hat das Gemeinwohl im Sinn.

In Ovids *Metamorphosen*, welche die Denkweise der damaligen Zeit hervorragend widerspiegeln, gibt es eine bewegende Geschichte, die gut zu unserem Thema passt. Es geht um das greise Ehepaar Philemon und Baucis. Sie sind die einzigen Bewohner ihrer Stadt, die Jupiter und Merkur gastfreundlich aufnehmen, als diese nach einem Dach über dem Kopf und einer Mahlzeit suchen. Denn natürlich sind die beiden Götter nicht erkennbar als solche unterwegs, sondern in Menschengestalt. „Hunderten nahten sie schon von Häusern und baten um Obdach; Hunderte schlossen sich. Doch eines gewährte Einlass. War's auch niedrig und klein und gedeckt mit Stoppeln und Schilfrohr. Baucis, das biedere Weib, und ihr gleich an Alter Philemon waren alldort in der Hütte vereint in den Jahren der Jugend. Waren gealtert in ihr, und die Armut offen bekennend, machten sie diese sich leicht und erträglich mit heiterem Gleichmut." Offensichtlich war auch Ovid schon der Unterschied zwischen kühlem Gastgebertum und echter Gastfreundschaft geläufig. Und er wusste, dass die herzliche, ehrlich gemeinte Aufnahme eines Gastes ein auf den ersten Blick vielleicht wenig attraktives Heim in einen wunderbaren Ort verwandeln konnte. „Als nunmehr die Bewohner der Höh' dem bescheidenen Wohnsitz waren genaht und gebückt durch die niedrigen Pforten getreten, hieß sie der Greis ausruhen vom Weg auf gebotenem Sessel [...]. Kohl dann, welchen der Mann im gewässerten Garten gesammelt, streifte sie ab. Er nimmt mit der doppelzinkigen Gabel oben vom schwarzen Gebälk den rußigen Rücken des Schweines, schneidet ein mäßiges Stück alsdann von dem lange bewahrten Vorrat ab." Wir sehen: Ein wirklich gastfreundlicher Mensch ist bereit, auch mal mit seinen Gewohnheiten zu brechen, und fähig, das Wohl des anderen eine Zeit lang über das eigene zu stellen. Auf einem schlichten Weidengeflecht breiten die beiden Alten schließlich ein Tuch aus und stellen einen wackligen Tisch darauf. Sie bitten die Götter, daran Platz zu nehmen, und bringen von der Feuerstelle das fertige Essen herbei, den Wein, vielerlei Früchte. Ihre Gesichter sind gut, „freundliche Mienen", schreibt Ovid. Mit „gern hergebendem Willen" bewirten sie die Götter verschwenderisch und ohne Hintergedanken. Bewegt von so viel aufrichtigem Altruismus geben sich die Götter zu erkennen. In *Philemon und Baucis* steckt die ganze Schönheit aufrichtiger, von Herzen kommender Gastfreundschaft. Eine Gastfreundschaft, in der sich der Gastgeber wirklich einbringt und ganz selbstverständlich das verlässt, was wir heute unsere „Komfortzone" nennen. Wenn ich Gastfreundschaft zu meinem Beruf gewählt habe, dann muss ich bereit sein, Opfer zu bringen. Wahre Gastfreundschaft ist eine Kunst.

# Xenia
*Gastfreundschaft auf altgriechische Art*

Aber ich liebe die Zartheit
und Eros hat für mich die Schönheit und das Licht
der Sonne erwirkt.

Sappho

Sappho war eine griechische Dichterin der Antike und auf der Insel Lesbos zu Hause. Sie weidete sich an der Schönheit der Natur und der anderen Dinge ihrer Umgebung, litt aber zugleich darunter. In ihren Versen erzählte sie kraft- und ausdrucksvoll von dieser Liebe, die ihr Qual und Lebensinhalt zugleich war, Licht und Atem, etwas, ohne das sie nicht sein konnte. Wenn in Sapphos Gedichten von Gastfreundschaft die Rede ist, dann geht es um Gaben. In diesem Sinne interessant ist auch die Passage der *Odyssee*, in der Odysseus nach seinen Irrfahrten zurück nach Ithaka kommt und seine Frau Penelope anspricht. Odysseus hat sich als Bettler verkleidet, damit Penelope ihn nicht erkennt. Er berichtet ihr, dass ihr Mann zurückkehren wird. Sie, die treue und weise Ehefrau, antwortet: „Fremdling, erfülleten doch die Götter, was du geweissagt! Dann erkenntest du bald an vielen und großen Geschenken deine Freundin." Ja, Gastfreundschaft ist ein Geschenk. Bei den alten Griechen hatte sie einen Namen – *xenia*.

Die Kunst der Gastfreundschaft geht auf die griechische Antike zurück. Der Begriff *xenia* kommt vom griechischen Wort *xenos*, Fremder, den gastfreundlich aufzunehmen ein Gebot war. Aischylos erzählt in der Tragödie *Die Schutzflehenden* von den

Töchtern des Danaos, die vor Vergewaltigungen und den daraus resultierenden Zwangsverheiratungen aus Ägypten fliehen und in Argos um Aufnahme bitten. Pelasgos, der König von Argos, fürchtet den Zorn der Ägypter, doch dann beschließt die Stadtversammlung, dass den Frauen Gastfreundschaft gewährt werden müsse. Auch Homer bezieht sich auf die *xenia*, als die Phaiaken den nach einem Schiffbruch gestrandeten Odysseus gastfreundlich aufnehmen: Sie statten ihn mit einem neuen Schiff aus und ziehen sich dadurch den Zorn von Poseidon zu. Im antiken Griechenland wurde Gastfreundschaft weniger als Option denn als ethische Verpflichtung verstanden. Sie galt als Wert für sich und als Gabe, die stets zu erwidern war. Die Gastfreundschaft verband die gebenden und die empfangenden Familien. Auch symbolische Tauschobjekte spielten oft eine Rolle – ein Stück Holz oder ein zerbrochener Stein –, die von Generation zu Generation weitergereicht wurden.

### lied der einfallslosigkeit

geliebtes land
aus kuhglocken gebaut &
gasthausrauferei
kind des wetters
mutter der trauben
schnaufen der winde
alpenglut
an gruenen fluessen
& zu fueßen
     ein erschlagner wurm
traute gassen
buergersinn stolzer bauernmut
dem welschen feind & schlechter

als der
kind des wetters
mutter der trauben
innige doerfer
blauer schurz & stiere
autonom
heiden im rock der schuetzen
feuerwehr musik
hackbretter zithern
jodeln kann keiner
dem herzen des gottes verschworen
& ueber allem schwebt der henngeier

Norbert C. Kaser

Dieses Gedicht des radikalen Südtiroler Lyrikers Norbert C.
Kaser wirft ein ganz eigenes Licht auf die heimische Gastfreundschaft.
Die alten Griechen gewährten Fremden ihre Gastfreundschaft,
noch ohne zu wissen, wie diese hießen und woher sie kamen:
Die Basis solcher Beziehungen war und ist die Gemeinschaft,
und zwar in ihrer innersten, feinsten Bedeutung. Gemeinschaft,
in der echte Gastfreundschaft ausgeübt wird, ist eine menschliche
Gemeinschaft. Für uns im Hotel bedeutet das zum Beispiel
Menschlichkeit den Lieferanten gegenüber. Es bedeutet Gastfreundschaft
der herzlichen und aufrichtigen Art gegenüber denjenigen,
denen die alten Griechen und Griechinnen nie ihre *xenia*
verweigert hätten, also Essen und Unterkunft. Erst recht nicht,
wenn sie von weit her kamen. Heute gilt wie damals: Wer an unsere
Tür klopft, möchte bei uns kostbare Zeit verbringen. Egal,
ob er mit dem Privatjet ankommt oder mit dem Flüchtlingsboot.
Wenn wir alle diese Einstellung teilen, wird sich der auswärtige
Besucher bei uns nie wie ein Fremder vorkommen. Auch die

Mitarbeiterin wird sich gut aufgehoben fühlen und auch ich, der Hotelier. Als Mensch unter Menschen.

Die Grundlagen, die wir dafür brauchen, sind wieder mal Wissen, Bildung, Schulung, Erziehung. Ignoranz zählt zu den großen Übeln unserer Welt. Auch für Gastfreundschaft und Tourismus werden heute Wissen und Kultur benötigt. Im Tourismus geht es darum, die Schönheit und Kultur einer Region zur Geltung zu bringen. Es kann kein echtes Leben geben ohne Kultur und ohne Kunst. Unfreiwillige Kunst eingeschlossen. Wie Gilles Clément zum Thema „unfreiwillige Kunst" so treffend gesagt hat: Für den, der beobachten kann, ist alles Kunst. Und es ist ja keineswegs so, dass sich Kunst und Kultur in einer elitären Blase befänden, im Gegenteil – sie sind überall zu Hause, von den heruntergekommensten Vororten bis hin zu den abgelegensten Gebirgstälern. Das Problem liegt eher darin, dass wir sie häufig nicht an uns heranlassen. Dabei sind Kunst und Kultur eine mächtige Form des Widerstands gegen die Verführungskraft des Hässlichen.

Die Qualität eines Restaurantkellners bemisst sich nicht nur nach seiner Effizienz. Wirklich gut ist er erst, wenn er auch Empathie und psychologische Kenntnisse mitbringt. An der Rezeption brauchen wir Mitarbeiterinnen, die verinnerlicht haben, dass niemand eine zweite Chance bekommt, um einen (guten) ersten Eindruck zu machen. Und die wissen, dass man als gastfreundlicher Hotelmitarbeiter auch die Wandersleute freundlich grüßt, die nur mal schnell aufs Klo wollen. Wichtig ist weniger, was wir tun, sondern wie wir es tun. Ein Gästezimmer kann perfekt gereinigt, jede Oberfläche auf Hochglanz poliert sein. Doch warme Gastfreundschaft strahlt es erst dann aus, wenn der Gast spürt, dass jedes Detail bedacht wurde. Wir streuen zum Beispiel Rosenblätter in die WCs. Das steht zwar in keinem

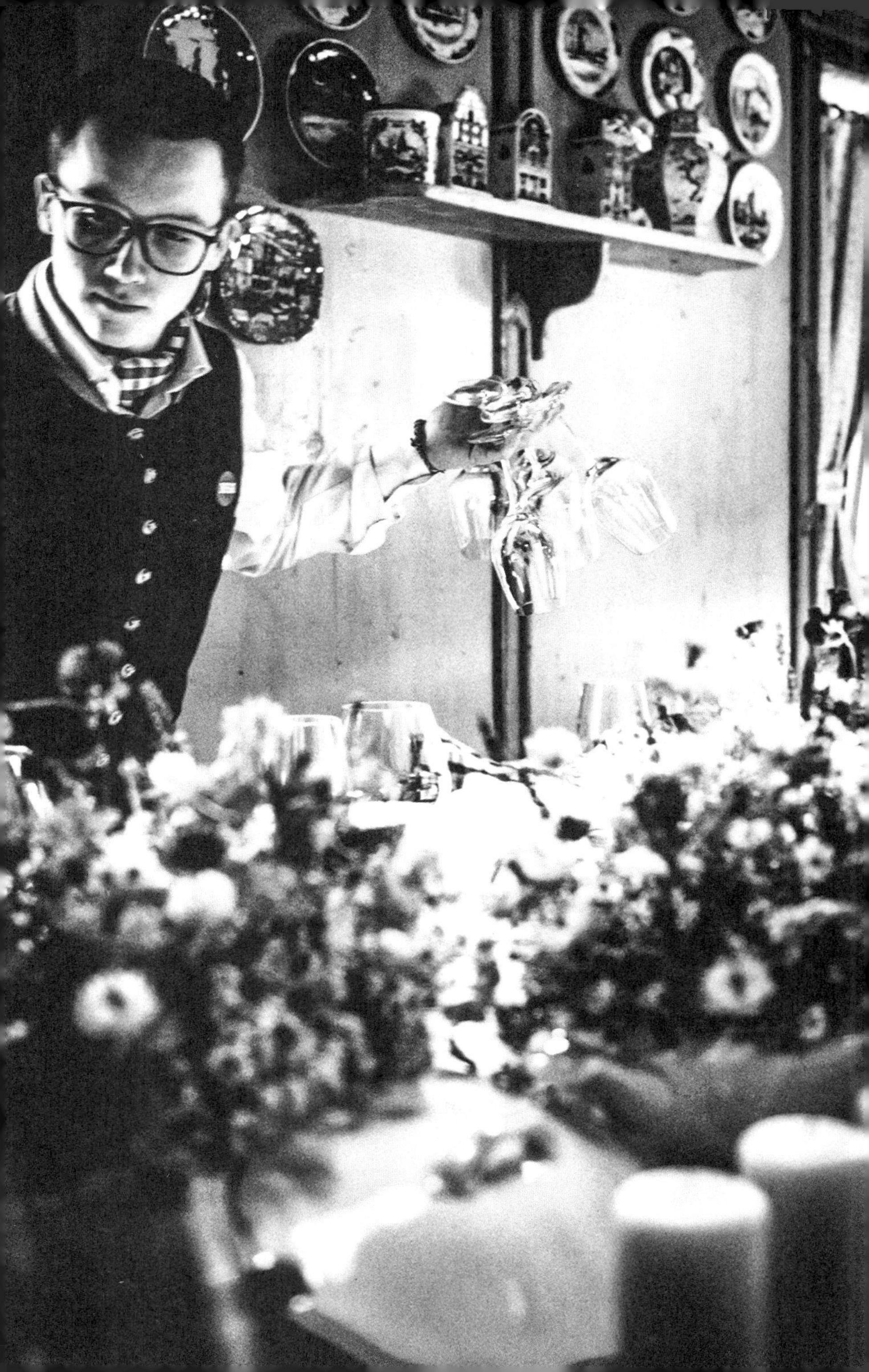

Hygiene-Handbuch, doch der Gast nimmt es wahr und fühlt sich umsorgt und umhegt. Auch in der Küche ist es mit eiserner Disziplin allein nicht getan; auch hier braucht es Empathie und ein gutes Gleichgewicht für ordentliche Ergebnisse. Am besten fangen wir einfach damit an, ein paar schlechte Angewohnheiten auszumerzen – nicht nur in der Hotelbranche, sondern im Tourismus allgemein. Gewöhnen wir uns zum Beispiel diese vulgäre, aggressive Sprache ab, die gerade so angesagt ist. Die vielen Anglizismen. Dieses Denken, in dem sich alles nur um Marketing und Verkaufszahlen dreht statt um Inhalte. Befassen wir uns stattdessen lieber mit Schönheit, denn Schönheit kann man lernen und vermitteln und sie steckt überall in unserem Alltag. Machen wir uns Sorgfalt und Achtsamkeit zu eigen, denn die brauchen wir für unsere Arbeit. Das fängt bei sorgsam ausgewählter Musik für Lounges und Lobbys an und hört bei einem echten, aufmerksam in Gang gehaltenen Kaminfeuer und einer gepflegten Teezeremonie ohne hässliche Beutelwirtschaft noch lange nicht auf. Dass die Mitarbeiter den Gästen zulächeln, gehört zum Pflichtprogramm. Jeder Gast hat ein Lächeln verdient. Auch aufmerksamer Service und Höflichkeit sind unverzichtbare Eckpfeiler. Uns muss klar sein, dass es noch lange keinen Mehrwert darstellt, einfach nur anders zu sein als die anderen. Wir müssen schon auch besser sein. Und ein Bewusstsein dafür entwickeln, was wir sind, was wir haben und was wir können. In Italien hinken wir da ein bisschen hinterher. Während etwa der Pariser Louvre selbstbewusst Partnerschaften in den USA und den Arabischen Emiraten aufbaut, sind bei uns selbst Meisterwerke wie Sammartinos *Cristo velato* in Neapel so versteckt, dass man als interessierter Tourist lange danach suchen muss. Ein Bewusstsein für unsere Qualitäten, für die Schönheit, die wir zu bieten haben, können und sollten wir uns aneignen; es ist eine Frage der Erziehung, vermutlich auch der Selbsterziehung. Doch weil so ein Prozess der Selbsterziehung anstrengend ist, weil er Energie kostet, Geld und Sorgfalt, sind wir ihn bisher noch nicht angegangen.

Der Tourismus ist heute nicht mehr nur ein äußerst wichtiger Wirtschaftssektor. Er hat sich längst zu etwas Höherem entwickelt, zu einer Art gesellschaftlichem Raum, der alle beeinflusst und konditioniert, die in ihm zu tun haben. Die Arbeit im Tourismus schafft Identität. Sie erhöht den Status aller Beteiligten und ist als Identitätsquelle fast ebenso wichtig wie als Wertschöpfungsquelle. Wir, die wir mit dem Tourismus zu tun haben, erfahren eine Aufwertung. Zum Erfolg des Tourismus trägt auch die Meinung bei, die sich der Gast von unserer Kultur, unserer Geschichte, unserer Welt bildet. Wer zu uns reist, lässt nicht nur Geld für seine Hotel- oder Restaurantrechnung da, er belohnt uns auch mit Anerkennung. „Wie schön ihr es habt hier in eurem Paradies!", sagt der Gast – und erst das macht uns wirklich glücklich, stärkt unser Identitätsgefühl. Erst das verleiht unserem ganzen beruflichen Treiben, unserem Leben einen Sinn. Touristisches Marketing dient deshalb nicht ausschließlich der Bewerbung einer Destination, sondern trägt mit der Zeit auch zur Formung eines Images bei, das wiederum die Identität der Bewohner dieser Destination prägt. Die Bilder, die wir mit dem Rest der Welt teilen, formen letztlich auch uns selbst. Daher ist die Verwendung stereotyper Klischeebilder, die unsere Täler als heile, unberührte Paradiese zeigen, so schädlich: Sie produzieren falsche Vorstellungen und Erwartungen, die sich zwar gut verkaufen lassen, aber nichts mit dem zu tun haben, was wir wirklich sind oder was wir sein wollen – nämlich gastfreundlich. Wie der amerikanische Kulturkritiker David Levi Strauss schreibt: „Wie die Geschichte zeigt, verschwindet der Glaube nicht, sondern wird stattdessen auf neue Objekte übertragen: Wir glauben nicht mehr an Götter und Helden, aber wir glauben an Prominente. Wir glauben nicht mehr an Magie, sondern an Technologie. Wir glauben nicht mehr an die Wirklichkeit, sondern an Bilder."

An dieser Stelle kommt der Regionsgedanke ins Spiel. Gastfreundschaft und Tourismus haben unmittelbar mit der Umgebung zu tun, in der sie stattfinden. Gäste fahren an bestimmte Orte, weil sie das Bedürfnis nach Bergen oder Meer oder Land oder Städten verspüren. Der Schweizer Historiker, Soziologe, Designer und Urbanist Lucius Burckhardt hat Folgendes formuliert: „Die Entwicklung unserer Städte ist heute so intensiv und von zentraler Bedeutung, dass die Städtebaubehörden und die Bevölkerung ständig Entscheidungen von großer Tragweite zu treffen haben. Wenn manche Großstädte so tun, als gäbe es keine Entscheidungen zu treffen, dann treffen sie damit sehr wohl eine: Sie entscheiden sich dafür, ihre Entwicklung ganz den Wirtschaftskräften auszuliefern. Die Verantwortung dafür, sich fürs Nichtstun entschieden zu haben, fällt trotzdem auf sie zurück, auch wenn sie womöglich nicht lange genug leben, um die Konsequenzen zu sehen. Meistens aber beschränken sich die Städte nicht darauf, nichts zu tun. Im Gegenteil, sie treffen eine große Zahl an Einzelentscheidungen, die jedoch nicht einem größeren Gesamtplan entstammen und so – jede für sich oder auch alle zusammen – Folgeerscheinungen verursachen, die die ursprüngliche Absicht in ihr Gegenteil verkehren."

Hässliche Landschaften, hässliche Städte sind auch dann nicht einladend und gastfreundlich, wenn die Gäste dort grenzenloses Amüsement und endlose Konsummöglichkeiten vorfinden. Selbst unsere geliebten Dolomiten verwandeln sich im Monat August in etwas Tristes, Hässliches, weil dann ganze Karawanen von Autos und Motorrädern über die Passstraßen röhren und die Schönheit dieser Landschaft rücksichtslos vergewaltigen. Auf lange Sicht wird dieses grausame Schauspiel, das

Zeitloser Charme: die Bar Verde im Albergo Posta Marcucci, Bagno Vignoni

auf der schamlosen Ausbeutung unserer Natur basiert, böse Folgen haben. Trotzdem kann sich bei uns einfach niemand zu einer Entscheidung durchringen. Dabei ist die Lage klar: Wir müssen unsere Region um jeden Preis verteidigen, beschützen, in Sicherheit bringen. Anderenfalls können wir hier keine Gastfreundschaft anbieten, die diesen Namen verdient.

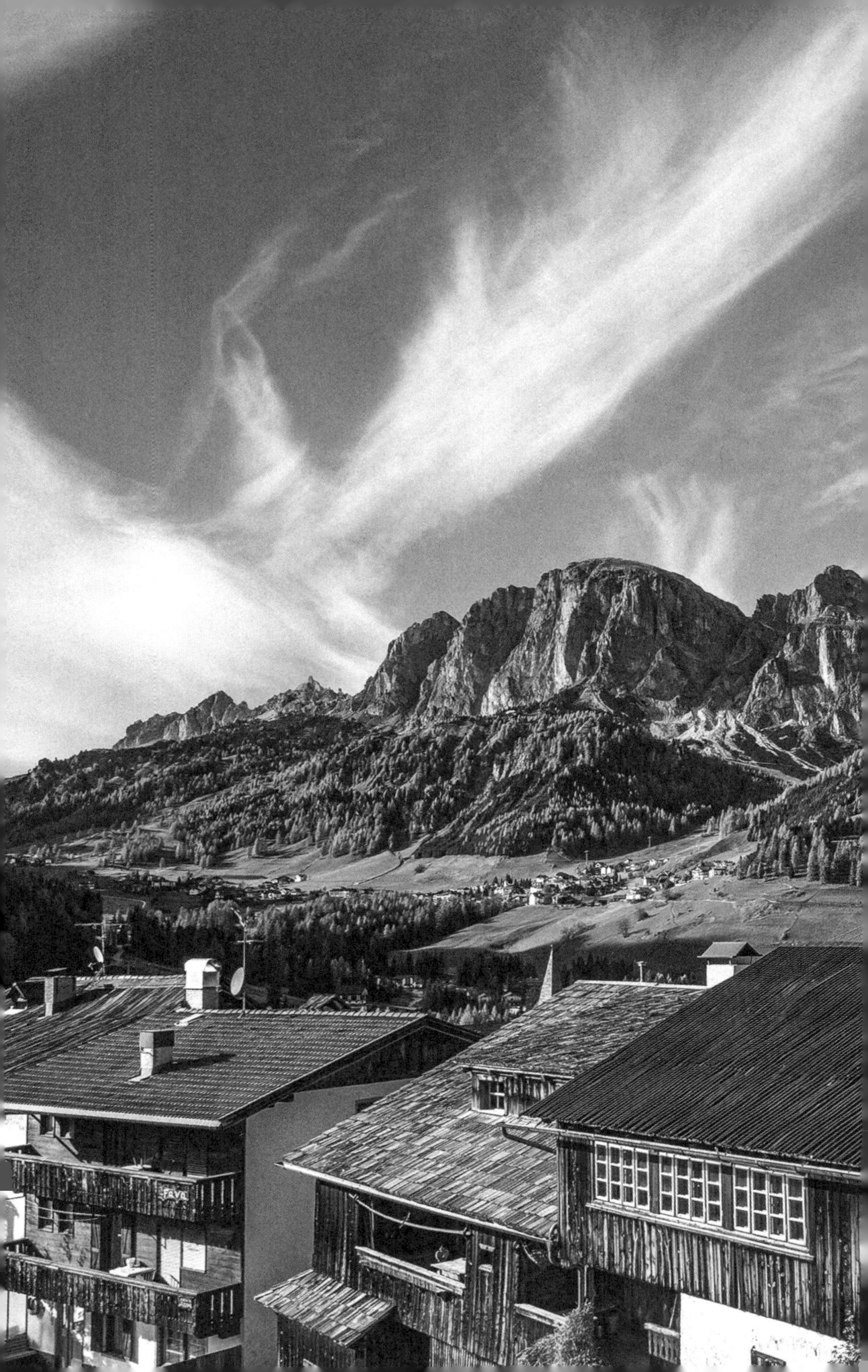
Fava

# Der Tourismus
## Von der Industrialisierung des Reisens

Reisen ist niemals eine Frage des Geldes,
sondern des Mutes.

Paulo Coelho

Foto S. 40–41:
Corvara – eines der wenigen verbliebenen alten Häuser im Ort,
die Ciasa Vedla vor dem Hintergrund des Sassongher

# Dolomieu
*Wie alles begann*

Es war einmal ein Dorf im Gebirge. Wer dort lebte, blickte mit Ehrfurcht und Befangenheit auf die hohen Berge. Diese Gipfel hatte man nicht zu erobern, man erwies ihnen aus sicherer Entfernung den gebührenden Respekt. Sie machten Angst. Dort oben waren die Geister der Verstorbenen zu Hause, und in kalten, langen Winternächten ahnte man, dass sich auch der Teufel herumtrieb. Höchstens einmal ein Gämsenjäger wagte sich in die felsigen Höhen. Nein, es war gescheiter, man blieb, wo man war. Viel zu essen hatten die Menschen in ihrem Bergdorf nicht, aber das Leben war immer noch besser als unten im sumpfigen, krank machenden Tal. Die Leute hatten sich einfache Häuser gebaut an den steilen Hängen, möglichst dicht beieinander, denn der Boden war kostbar; man benötigte ihn zum Leben und konnte es sich nicht leisten, ihn zu verbauen. Die Menschen halfen einander, weil es anders gar nicht ging.

Eines Tages kam ein Geologe in das Gebirge. Den Felszacken über dem Dorf gab er den Namen Dolomiten. Auch andere Wissenschaftler wurden jetzt auf diese Berge aufmerksam. Auch die ersten Touristen ließen nicht mehr lange auf sich warten, zur großen Überraschung der Bergbauern, die – es war der Beginn des 20. Jahrhunderts – es nicht fassen konnten, dass ihre arme Bergheimat auf einmal für reiche Menschen aus aller Welt interessant wurde; zudem kamen die Gäste nicht etwa auf dem Rücken von Pferden oder Maultieren angetrabt, sondern reisten hochmodern in den ersten Automobilen an. Für die, die dort ständig lebten, blieb die Bergnatur ein Ort der Mühsal und Entbehrungen, doch gleichzeitig entwickelte sie sich zum Inbegriff für Erholung und Freiheit für diejenigen, die nur vorübergehend Station machten. In kurzer Zeit verlor das Urlaubmachen seine auf die Aristokratie beschränkte Exklusivität und wurde von der Kulturhegemonie des Bürgertums vereinnahmt, das bis zum Einsetzen des Massentourismus sein wenigstens halbwegs elitäres Wesen zu bewahren versuchte. Biarritz, Côte d'Azur, Sankt Moritz, Capri, Cortina waren weniger Urlaubsorte denn Insignien für Macht und Privilegien. Anfang des 20. Jahrhunderts wurde die Dolomiten-Staatsstraße gebaut, auch „Große Dolomitenstraße" genannt, und eine Buslinie führte von Bruneck ins Gadertal hinein, was unser Tal langsam, aber unwiderruflich veränderte. Es war das, was der Diplomat George F. Kennan als „Urkatastrophe des 20. Jahrhunderts" bezeichnete. Als hätte sich die Büchse der Pandora geöffnet und ein Übel wäre ihr entwichen, das die Geschichte des ganzen 20. Jahrhunderts vergiften würde. Der Erste Weltkrieg mit der Dolomitenfront, die sich zwischen Marmolada, Col di Lana, Lagazuoi und den Tofane entlangzog, setzte dem Traum der Menschen von einem friedlichen Dasein abrupt ein Ende. Wie der Tourismus besteht auch der Krieg aus Begegnungen, doch die Soldaten, die sich auf diesen hinreißend schönen Gebirgsflanken bekämpften, konnten mit der Schönheit der Gebirgslandschaft wenig anfangen. Für diese jungen armen Männer, die man zu Tausenden in den Krieg und den sicheren Tod geschickt hatte, bedeuteten die Dolomiten nichts als schwärzeste Bergfinsternis. Jeder Frühling in diesen furchtbaren Kriegsjahren wurde von den langen, entsetzlich harten Wintermonaten entweiht. Auch die Nachkriegszeit war hart, und damit nicht genug: Schon bald stand ein weiterer schrecklicher Krieg an. Der „Fremdenverkehr" kehrte erst wieder in den 1950er-Jahren in die Dolomiten zurück. 1956 dann zogen die Olympischen Winterspiele in Cortina die weltweite Aufmerksamkeit auf sich. Auch im Gadertal wurden die ersten Skilifte gebaut und parallel dazu

# Die Dolomitenfront

Im Jahr 1915, ungefähr zehn Monate nach dem Ausbruch des Ersten Weltkriegs, begannen sich das Königreich Italien und Österreich-Ungarn in den Alpen und ganz besonders in den Dolomiten ganz fürchterlich zu bekämpfen. Die gesamte Gebirgsfront war circa 600 Kilometer lang und verlief in etwa parallel zur heutigen Grenze zwischen Trentino-Südtirol auf der einen sowie der Lombardei und Venetien auf der anderen Seite, nämlich entlang der Karnischen Alpen, des Val Pontebbana, der Julischen Alpen über den Monte Canin und entlang der aktuellen Grenze zu Slowenien und der Adria. Die Dolomitenfront selbst betraf das Becken von Cortina, die Tofane, das Val Travenanzes, die Bergmassive Lagazuoi, Sas de Stria, Setsass, Col di Lana, Sief, Sass di Mezdì und Marmolada mit Punta Penia sowie die ladinischen Täler von Ampezzo, Badia (Gadertal) und Fodom (Buchenstein). Gekämpft wurde immer in Höhen über 2.000 Meter, meist in eisiger Kälte, häufig im Schnee und allgemein unter Bedingungen, die jenseits des für den Menschen Erträglichen lagen: Faktoren, die zur besonderen Schwierigkeit und Grausamkeit der Dolomitenfront in diesem absurden Stellungskrieg beitrugen. Es war ein Krieg, der sich hauptsächlich in Tunneln und Schützengräben abspielte, die in Fels und Eis gehauen worden waren; gekämpft wurde unter anderem mit Minen und Dynamit. Als blutiges Sinnbild für diesen so besonderen Krieg gilt heute die Explosion unter dem Col di Lana. Die Österreicher hatten den Berg eingenommen, aber die italienischen Truppen legten unterhalb des Gipfels heimlich einen unterirdischen Tunnel an, die „Galleria di Sant'Andrea". Ausschließlich in Handarbeit, nur mit Hilfe von Spitzhacken, Keilen und Meißeln, damit der österreichische Feind nichts davon mitbekam. Bei seiner Fertigstellung war der Tunnel unter dem die ersten Hotels. Die Entwicklung verlief bis in die 1970er-Jahre langsam, aber kontinuierlich. Die Gäste kamen aus Italien, Deutschland und England und brachten wirtschaftlichen Wohlstand in die Berge.

Es waren in vielerlei Hinsicht denkwürdige Jahre. Aus dem sehr persönlichen Erinnerungsschatz des Hotelierkinds will ich ein paar Souvenir-Postkarten herausziehen: Mein Vater Ernesto arbeitete im Sommer als Klempner und im Winter als einer der ersten italienischen Skilehrer überhaupt. Der Skilehrerjob ermöglichte ihm und seinesgleichen unbeschwerte Jugendjahre und ein gewisses Einkommen in einer Gegend, die wenige Jahre zuvor noch wirklich arm gewesen war. Für seinen Vater – meinen Großvater – war diese Armut noch sehr präsent gewesen: Dass man keine guten Schuhe hatte, keine freien Tage und nur selten wirklich satt war, gehörte für meinen Großvater zur Normalität. Doch für Ernesto änderten sich die Dinge. Er legte sich sein erstes Motorrad zu, konnte sich modische Outfits leisten und unbeschwerte Liebesabenteuer. Was die Frauen betraf, befolgte dann aber auch Ernesto letztlich das alte Sprichwort „Bleibe im Lande und nähre dich redlich": Er lernte meine Mutter kennen; die beiden heirateten und eröffneten gemeinsam das Hotel La Perla. Meine Großmutter stand in der Küche, meine Mutter kümmerte sich sonst so ziemlich um alles; alle barsten vor Tatendrang und Energie, und so lief das Hotel von Anfang an gleich richtig gut. Die Arbeit machte richtig Spaß, und meine Eltern feierten mit den Gästen bis tief in die Nacht. Ernesto arbeitete nun nicht mehr als Skilehrer, obwohl Skilehrer ungemein wichtig geworden waren – der Skilehrer brachte den Gästen auf der Piste das Skifahren bei und bewährte sich nach Pistenschluss als Freund und Begleiter. Mein Vater aber war jetzt Ehemann von Anni und konzentrierte sich daher auf das Hotel, wo er sich als geborener Gastgeber erwies: Abends sang und unterhielt er die Gäste in unserem hoteleigenen Club 44, einem schwer angesagten Schuppen, in dem auch der unwiderstehliche Sänger und Schlagzeuger Gegè Di Giacomo auftrat. Das Multitalent aus Neapel spielte im Trio von Renato Carosone, dessen enormer internationaler Erfolg maßgeblich auch auf den Einlagen von Gegè beruhte. Gegè und mein Vater verstanden sich blind; der Club 44 lief auf Hochtouren. Meine Mutter Anni erzählt noch heute gern davon, wie eines Abends Nino Benvenuti vorbeisah – legendärer Boxer, Weltmeister im Mittelgewicht von 1967 bis 1970 und Nationalidol. Der große Nino, der den Ausspruch „Wir boxten, weil wir danach kostenlos heiß duschen konnten" geprägt hatte, bestellte Hummer. Anni stellte ihm dazu, wie üblich, eine sogenannte Fingerschale auf den Tisch. Statt seine Finger darin zu baden, packte Nino die Schale mit dem heißen Wasser – und leerte sie in einem Zug. Herrliche Zeiten.

Als ich ein Kind war, warteten wir ab dem Beginn der kalten Jahreszeit auf den ersten Schnee. Es war ein unbeschwertes Warten, und sobald die ersten Flocken fielen, rannten meine Brüder und ich ins Freie, bewarfen uns mit Schneebällen und schippten, was das Zeug hielt. Abends saßen wir zusammen vor dem Kamin, hauchten die kalten Fensterscheiben an, lauschten den Geschichten unserer Großmutter und freuten uns auf Weihnachten. Und auf die ersten Touristen. Unsere Eltern hatten richtig viel zu tun, doch der Heiligabend war – und ist auch heute noch – stets der Familie vorbehalten, nicht den Touristen. Das hört sich banal und selbstverständlich an, ist es aber keineswegs, denn viele Menschen, die bei uns im Tourismus arbeiten, feiern die Geburt von Jesus Christus ein paar Tage im Voraus. Natürlich ist die Weihnachtszeit für den Tourismus in unseren Bergen die wichtigste Saison des Jahres, aber es wäre uns absurd vorgekommen, die Gäste nicht wenigstens an diesem besonderen Abend den Mitarbeitern zu überlassen. Wie auch immer: Wenn wir ein leises Klingeln vernahmen, wussten wir – das Christkind war da. Das Fenster stand immer noch einen Spalt offen, das Jesuskindl war ja gerade erst davongeflogen, und mit großen, staunenden Augen versammelten wir uns vor dem geschmückten Christbaum, vor den davor ausgebreiteten Päckchen und Paketen. Heute ist unsere Familie erheblich größer als damals, seit vielen Jahren zählt auch unser Wahlbruder Stefan Mayr dazu. Aber das Warten aufs Christkind ist immer noch ein Moment großer Freude für alle, und eine einzige Flasche Chablis, der Lieblingsweißwein meiner Mutter, reicht uns zum Feiern schon lange nicht mehr.

Ich besuchte die Mittelschule im Nachbardorf. Eines Tages schneite es so stark, dass ich die vier Kilometer dorthin zu Fuß gehen musste, weil die Autos nicht fuhren und der Schulbus schon gleich gar nicht. Nur Ski fahren, das ging. Schon als ganz kleine Kinder fingen wir damit an. Unzählige Male bin ich im Alter von dreieinhalb Jahren mit meinen Holzski den kleinen Hang hinter dem Hotel hochgestiegen und wieder abgefahren, bevor ich das erste Mal mit dem Skilift fahren durfte. An den Sessellift vom Col Alt und daran, wie seine Sesselchen langsam nach oben schaukelten, kann ich mich noch gut erinnern. Wir waren glückliche Kinder. Wenn wir im Lift hockten, erspähten wir manchmal ein Reh, ein andermal einen Skistock, den ein Gast hatte fallen lassen und den wir natürlich retteten, nach wilden Fahrten durch den Tiefschnee. Heute ist aus dem alten Sessellift eine Umlaufbahn mit einer Kapazität von 2.800 Personen pro Stunde geworden. In wenigen Minuten schnurrt sie nach oben, hat Sitzheizung und Wi-Fi, falls man unterwegs sein Smartphone checken oder eine E-Mail versenden möchte. Schließlich will man heute auch im Urlaub ständig online sein. Ob es wohl schneien wird, fragen wir uns schon lange nicht mehr, höchstens, ob es kalt genug sein wird für die Produktion von Kunstschnee, pardon, von technischem Schnee, wie man heute sagen muss, sonst ärgern sich die Hersteller. Ich gestehe, dass ich es herrlich fände, wenn nach starkem Schneefall mal nicht sofort der Lärm der Pistenraupen und Schneepflüge einsetzen würde. Heute reichen ja schon fünf dünne Schneezentimeter, um das große Karussell der blinkenden, piepsenden, salzstreuenden Räumfahrzeuge in Gang zu setzen. Natürlich verstehe ich, dass Straßen, Fußwege und Parkplätze begeh- und befahrbar bleiben müssen, das entspricht ganz dem flotten Optimierungsgeist, der uns aus allen Ecken entgegenweht. Doch was durch diesen Kontrollwahn der Unternehmerhirne gänzlich verloren geht, sind die romantischen Aspekte einen solchen Naturschauspiels. Statt das Schneetreiben zu genießen, fühlt man sich zwischen all den kleinen und großen Räumfahrzeugen wie auf der Autobahn. Zum Thema künstlicher, äh … technischer Beschneiung möchte ich übrigens noch ein paar Details liefern: Zur Herstellung von 2,5 Kubikmeter künstlichem Schnee werden 1.000 Liter Wasser benötigt. Im gesamten Alpenbereich gibt es

23.800 Hektar Skipisten, die künstlich beschneit werden (können), wofür jedes Jahr rund 95 Millionen Kubikmeter Wasser verbraucht werden. Das entspricht dem Wasserkonsum einer Stadt mit 1,5 Millionen Einwohnern. In Südtirol sind wir Spitzenreiter in Sachen technischer Schnee: 80 Prozent unserer Skipisten werden damit versorgt, was auch durch staatliche Gelder gefördert wird, die 23 Prozent der Investitionskosten decken. Ein Kubikmeter technischer Schnee kostet zwischen drei und fünf Euro. Bei 23.800 Hektar alpinen Skipisten können wir von Investitionskosten für Beschneiungsanlagen in Höhe von über drei Milliarden Euro ausgehen. Diese Daten, die die Internationale Alpenschutzkommission CIPRA in ihrem Bericht *Künstliche Beschneiung im Alpenraum* zusammengetragen hat, sollen uns zu der großen Frage führen, die sich dahinter verbirgt. Und die lautet so: Welche Berge wollen wir eigentlich haben? Und zu welchen Bergkonsumenten entwickeln wir uns gerade?

Doch zurück zu meinen geliebten Erinnerungs-Postkarten. In unserem Dorf am Fuße des Sassongher machten immer mehr Hotels, Restaurants und Bars auf. Sogar ein Kino hatten wir irgendwann. Dort lief einmal das Musical *Jesus Christ Superstar*, eine meiner schönsten Erinnerungen aus diesen Jahren, weil mir die Musik so gefiel. Ich ging zusammen mit meinem besten Freund Mike hin. Mike fiel mit seinem jugendlichen, guten Aussehen auf in unserer Dorfgemeinschaft aus Bauern, Zufallshoteliers und Handwerkern, zu der er zwar irgendwie dazugehörte, aus der er aber auch unbedingt wegwollte, um seinen eigenen Weg zu gehen. Obwohl er seine Honda 125 rockermäßig im Harley-Davidson-Stil aufgemotzt hatte, war er verrückt nach Discomusik. Ich hingegen, Mike 2, fuhr total auf psychedelische Musik ab und ein bisschen auch auf Punk. An den Wochenenden legten wir als DJs in der Bussola in Corvara auf. Von den

# Künstliche Beschneiung

Wenn von künstlicher Beschneiung gesprochen wird, ist damit die Produktion von (nicht natürlichem) Schnee durch technische Prozesse gemeint, bei denen feinste Wassertropfen in die kalte Luft gesprüht werden, wo sie zu winzigen Eiskristallen gefrieren. Dieser Prozess erfolgt mithilfe sogenannter Schneekanonen oder Schneelanzen. Ideal für die Schneeproduktion sind Wetterverhältnisse mit einer Lufttemperatur von unter −4 °C, einer Luftfeuchtigkeit von unter 80 Prozent und einer Wassertemperatur von höchstens 2 °C. Die künstliche Beschneiung wurde erstmals vor etwa 50 Jahren in den USA praktiziert. In den Alpen wird sie seit Ende der 1980er-Jahre eingesetzt. Heute sind 90 Prozent der Südtiroler Skigebiete mit Beschneiungsanlagen ausgestattet. Für die Produktion künstlichen Schnees wurden zwischen 2006 und 2017 zwischen fünf und zehn Milliarden Liter Wasser pro Saison verbraucht. Das macht sechs bis zwölf Prozent des jährlichen Gesamtwasserverbrauchs Südtirols aus. Dazu kommt ein erheblicher Energieverbrauch. Mit 1.000 Liter Wasser lassen sich durchschnittlich zwei bis zweieinhalb Kubikmeter Schnee erzeugen. Die Beschneiung von einem Hektar Skipiste kostet etwa 140.000 Euro. In Südtirol wird die Produktion von technischem Schnee durch staatliche Hilfsmittel gefördert, die bis zu 23 Prozent der Kosten decken. Ohne Beschneiung wäre es aufgrund des Klimawandels und seiner Konsequenzen nicht möglich, im Winter einen durchgehenden Skitourismus zu gewährleisten.

Quellen: Michael Matiu, Eurac 2021, Dossier: „Schnee, die Entwicklungen in Südtirol und den Alpen"; Felix Hahn, CIPRA International 2004, Dossier Kunstschnee

zwölf Lokalen, in denen man sich damals austoben konnte und in denen sich die Stimmung mehr nach Großstadt als nach Südtiroler Bergdorf anfühlte, existiert heute kein einziges mehr. Wenn ich Musik an einem solchen Ort erlebte, gelang es mir irgendwie, das tiefste Weltgefüge zu begreifen. Das, was meine Augen nicht sehen konnten. Auch meine damaligen Idole gingen in die Bussola. Giorgio, der Latin Lover. Der schöne Pippo, ein Skilehrer. Oder Oswald, Gott hab ihn selig, dem das einzige Pelzgeschäft in unserem Tal gehörte. Sie eroberten Mädchen und fuhren tolle Autos. Wer in ihrem Umfeld verkehrte, gehörte dazu und hatte es geschafft. Oder glaubte wenigstens, es geschafft zu haben. Mein Freund Mike I brachte die Tanzfläche gern mit *I Feel Love* von Donna Summer zum Kochen, diesem unwiderstehlichen Heuler aus der Feder von Giorgio Moroder, unserem weltberühmten Lokalmatador. Wenn ich auflegte, gab es die Stones oder die Clash, also Punk mit intellektueller Note. Als Hotelier vergleiche ich heute den Job des DJs gerne mit dem des Barkeepers. Denn bei genauerer Betrachtung ist auch der Barkeeper ein DJ. Er verwandelt schlichtes Trinken in eine Kunst, wie ein Schamane, der mit dem Geistigen kommuniziert, um seinem Publikum einen großartigen Abend zu ermöglichen. Ein guter Barkeeper ist wie ein Freund, zu dem du absolutes Vertrauen haben darfst. Auch meinem Freund Mike vertrauten die Menschen. Er sah immer smart aus und war von Mädchen umschwärmt, während mein Erfolg sich auf ein paar Teenies beschränkte, die meine Locken cool fanden, meine schwarze Lederjacke und meine Radiosendung auf Rai Ladinia namens „Mike's Pop Shop", die sich in „Mike's Rock Shock" verwandelte, wenn ich die richtig harten Sachen aus den Hüllen zog. Wir feierten ordentlich, so sollte es auch sein. Aber dann war die Party plötzlich vorbei. Mike I stürzte am 1. Juni 1981 beim Drachenfliegen tödlich ab.

Zwei Monate zuvor hatte in Südtirol ein symbolträchtiges Rockkonzert stattgefunden. Die Status Quo, damals eine der bekanntesten Bands der Welt, waren nach St. Ulrich in Gröden gekommen. Es war die erste Tournee einer englischen Band durch Italien nach den Randalen in der Arena von Verona und im Vigorelli-Stadion von Mailand in den 1970er-Jahren. Überhaupt waren es die Zeiten des Protestes, Zeiten, in denen Musik eine Botschaft hatte, in der bei Konzerten die Stadien verwüstet wurden. Der Auftritt der Status Quo hatte symbolhaften Charakter, weil im Tourneeprogramm neben den ganz großen Rockbühnen wie der Wembley Arena in London, der Münchner Olympiahalle, dem Palasport in Rom und Adressen in Paris und Mailand eben auch das Eisstadion eines kleinen, abgelegenen Dolomitendorfes Platz gefunden hatte. Die legendäre Band, die in St. Ulrich nur widerwillig auf die Bühne kam, weil es ihr viel zu kalt war, hatte im Hotel Oswald eingecheckt, das gerade erst aufgemacht hatte und das die Status Quo zwar nicht völlig verwüsteten, aber doch so viel Kleinholz zurückließen, wie es sich damals für eine ordentliche Rockband gehörte. Das Konzert selbst war großartig, aber danach ging es ziemlich schnell zu Ende mit Konzerten in St. Ulrich. Wenn ich mich recht erinnere, traten nur noch Barclay James Harvest und Nina Hagen auf. Dann war endgültig Schluss. 1999 wurde das Eisstadion von St. Ulrich nach dem Abgang einer Mure unter Tausenden Kubikmetern Schutt und Erde begraben. Mein guter Freund Mike dagegen starb wenige Monate nach diesem Konzert. Vielleicht war er in Gedanken noch bei der Musik gewesen, bei den legendären Riffs, vielleicht hatte ihn ein Adler abgelenkt. Das Ende einer Sache ist besser als ihr Anfang, sage ich mir mit Kohelet – aber ist der Tod nicht zu früh gekommen für ihn? Oder für mich, der ich ohne ihn leben muss? Auf den Gipfel eines 2.700 Meter hohen Bergs setzt sich alle hundert Jahre ein Spatz, um seinen Schnabel zu wetzen.

Wenn der Berg eines Tages durch das Wetzen völlig abgetragen sein wird, hat die Ewigkeit noch nicht begonnen. So hat es mir mein Volksschullehrer Lezuo beigebracht. Heute segelt mein Freund Mike glücklich in höheren Sphären. Ich besuche ihn oft auf dem Friedhof, spreche ein Gebet, denke zurück an die vergangenen Jahre, daran, wie schön es war. Ich stelle Fragen, an mich selbst und an die Ewigkeit. Auf Südtiroler Friedhöfen herrscht eine behagliche Atmosphäre, man fühlt sich wohl dort. Von unserer kleinen Wohnung im ehemaligen Schulhaus von Corvara (dort, wo ich beim Lehrer Lezuo in der Klasse saß) kann man die Grablichter flackern sehen. Meine Frau Giovanna, die aus der Stadt kommt, sich aber seit jeher in den Bergen zu Hause fühlt, nennt den Friedhof „Hotel Tausendlichter".

Es war eine schöne und glückliche Zeit. Auch wenn in der Brust einer ganzen Generation von Bauernkindern stets zwei Seelen wohnten: die eigene und die des Fremdenverkehrs. In unserer kleinen Dorfkirche Santa Caterina wird heute kein Gottesdienst mehr gefeiert. Der Grund: negative Kosteneffizienz. Dabei ist das Kirchlein, das wir auf Ladinisch „Santa Tarina" nennen, kunsthistorisch nicht ohne Bedeutung. Es ist der heiligen Katharina von Alexandrien geweiht und wurde erstmals im Jahr 1347 erwähnt. Die Kirchenweihe fand 1452 statt. Im Innenraum des spätgotischen Kirchleins ist ein sehr altes Fresko erhalten, das der in Corvara ansässigen Werkstatt des Ruprecht Potsch zugeschrieben wird und um das Jahr 1520 herum ausgeführt wurde. Wenn in diesem Kirchlein heute keine Gottesdienste mehr stattfinden, dann liegt das auch daran, dass unser Ort über die Jahre viele staatliche Subventionen erhalten hat. Es waren die Früchte einer Politik, die ausschließlich auf Investitionen setzen wollte. Umsatz und Wachstum zu steigern, galt als Heilmittel gegen alle Übel. Anfangs hatten wir in der Südtiroler Politik noch den „Leninisten" Alfons Benedikter. Er gehörte zu den Gründern der Südtiroler Volkspartei, die in den Nachkriegsjahren einen wichtigen Beitrag zum Erreichen des Autonomiestatus für Südtirol leistete (das heute deshalb „Autonome Provinz Bozen-Südtirol" heißt), und war ein glühender Verfechter des Landschafts- und Umweltschutzes in unserer Provinz und ihrer strengen, leider von den Unternehmern hintertriebenen Regeln und Gesetze. Doch seinen Platz übernahmen die aufstrebenden „Durnwalderianer", und seither legt das Tempo immer weiter zu. Luis Durnwalder war von 1989 bis 2014 Südtiroler Landeshauptmann. In diesen 25 Jahren, in denen er Südtirol wie eine Art Monarch regierte, war das Wirtschaftswachstum seine fixe Idee. Tatsächlich haben wir uns wirtschaftlich erheblich weiterentwickelt, allerdings ohne einen vernünftigen Plan dahinter – es wurde einfach nur immer mehr gebaut und wie verrückt gearbeitet, um die Schulden zu bezahlen. Die alten, holzgetäfelten Südtiroler Stuben machten Wohnzimmern mit Holzpaneelen und Plasma-TVs Platz. Die Täfelung endete als Feuerholz und die Lampenschirme, die früher einmal die schweigend beim Essen sitzende Familie in warmes Licht getaucht hatten, wurden durch kalte Deckenstrahler ersetzt. Bergbauernhöfe wurden abgerissen, um Platz für viel zu viele und viel zu gleichförmige Gästehäuser zu schaffen. In den Kaffeebars tauchten gleichzeitig mit dem sizilianischen Magenbitter Averna und den Aschenbechern mit Jägermeister-Logo auch die von der Brauerei Forst gesponserten Neon-Beschriftungen auf. All das ist noch heute sehr beliebt. Die Leute begannen, zu viele Modedrinks zu trinken; statt Radler bestellte man jetzt Spritz, statt einfachem Grappa aus Weintrester wollte man Double Malt Whisky. In unseren Dorfbars spielt heute kein Mensch mehr Karten; weil wir alle vom Strudel des Tourismus mitgerissen wurden, haben wir nicht mal mehr Zeit für eine Runde Briscola. Huizingas „Homo ludens" hat in jeder Hinsicht dem „Homo oeconomicus" Platz gemacht.

Wenn ein Ort erst einmal vom touristischen Megastrudel mitgerissen wird, gibt es kein Halten mehr. Dann kann nie mehr genügen, was aus utilitaristischer Sicht ausreichend wäre. Dann hat das profunde Wissen des Bauern dem dehnbaren Gewissen des Geschäftsmanns zu weichen. Wozu diese Entwicklung führt, können wir in Corvara sehen, das mittlerweile von einer großen Straße zerschnitten wird, auf der die Lastwagen mit 70 Stundenkilometern durchbrettern und wo man sich in der Saison wie in der Hauptstraße einer x-beliebigen Stadt ohne eigenen Charakter fühlt. Auch das Geld macht nicht mehr so richtig Spaß. Arbeiten ist anstrengend, und weil die baurechtlichen Bestimmungen einige Schlupflöcher bieten, wird ordentlich spekuliert: Hier ein Neubau, dort noch einer, und es gibt Menschen bei uns, die diese Häuser und Wohnungen zu absurden Preisen von bis zu 15.000 Euro pro Quadratmeter verkaufen. Dieser Aspekt der Bauspekulation sollte Anlass zu echter Sorge sein, vor allem in sozialer und gesellschaftlicher Hinsicht. Derart hohe Immobilienpreise machen es jungen Menschen und Familien schwer, wenn nicht gar unmöglich, ein Haus zu bauen oder zu kaufen. Sie verlassen also gezwungenermaßen ihren Geburts- oder Heimatort und ziehen dorthin, wo der Tourismus nicht ganz so wild rummelt und die Lebenskosten tragbar sind. Die Dolomitentäler riskieren damit, sich in reine Ferienhausquartiere zu verwandeln. Das Pendlerphänomen kommt erschwerend hinzu. Bei uns in Corvara kommen auf 1.378 Bewohner 365 Zweit- und Ferienwohnungen; in der Nachbargemeinde Badia sind es 722 auf 3.400 Bewohner. Die Gemeinde Corvara gehört, gemessen an der Einwohnerzahl, zu den Südtiroler Gemeinden mit dem höchsten Anteil an Gästebetten: Das Verhältnis beträgt 5,5 Betten pro Einwohner. Zahlen, die zu Sorge Anlass geben und den Verhältnissen in vielen anderen Alpenorten ähneln; Cervinia im Aostatal etwa ist ein weiteres Beispiel. Dazu kommen das Missverhältnis zwischen Einwohnerzahl und vorhandener Infrastruktur sowie das Ungleichgewicht zwischen den Monaten mit maximaler Gästeauslastung und denen der sogenannten Nebensaison. Bauspekulation und das Phänomen der Zweitwohnungen werden zu einer immer größeren Bedrohung der sozialen Ausgewogenheit im Dorf. Was sind das für Dörfer, in denen viele Häuser einen Großteil des Jahres leer stehen? Bei uns hat sich außerdem im wahrsten Sinne des Wortes ein Gefälle zwischen den Ortschaften des oberen Gadertals und denen des unteren eingestellt: Der untere Talbereich muss häufig die negativen Folgeerscheinungen des kräftigen Tourismuswachstums bei uns „oben" ertragen – angefangen vom Autoverkehr bis hin zu einer Dynamik wirtschaftlicher Abhängigkeiten, weil Handwerker, Gastronomie- und Hotelmitarbeiter und die unterschiedlichsten Selbstständigen während der Saison ständig zwischen oben und unten hin- und herpendeln und sich damit ein Großteil des Ortslebens verlagert. Dazu kommt, dass der Verkehr, der durch all die touristisch motivierten Ortswechsel und vor allem durch die Touristen selbst erzeugt wird, in Südtirol mit seinen über 30 Millionen Übernachtungen pro Jahr einen Überschuss an Mobilität erzeugt. Dieser führt zum Bau neuer Straßen, Ortsumfahrungen und anderer Infrastrukturen, die immer nur wenige Monate im Jahr wirklich genutzt werden und sich negativ auf Umwelt und Kostenbilanz niederschlagen.

Orte mit hoher touristischer Konzentration müssten Maßnahmen gegen ihren Ausverkauf entwickeln. Gewisse Leute lehnen das ab, mit der Begründung, dass so etwas verfassungswidriger Protektionismus wäre, der die Freiheit der Bürger einschränkt.

# Der Tourismus in Südtirol – einige Fakten

**2019**
Übernachtungen: **33.684.554**
Gästeankünfte: **7.704.312**

Das Land Südtirol, das bei 520.000 Einwohnern auf über sieben Millionen Gästeankünfte kommt, setzt sich aus einer Reihe ganz unterschiedlicher Reiseregionen zusammen. Die ladinischen Täler Gröden und Gadertal sind als Teil von Dolomiti Superski, dem mit 1.200 Pistenkilometern größten Skipassverbund der Welt, eine Spitzendestination des Wintertourismus. Auch im Pustertal findet mit Kronplatz und Sextner Dolomiten hauptsächlich winterlicher Winter- und Skitourismus statt. Das Burggrafenamt rund um Meran gilt mit seinen Ferienbauernhöfen und Wein- und Kulinarikangeboten hingegen als Ziel für Frühjahr, Sommer und Herbst. In den Städten Bozen und Meran wiederum ist der Tourismus vor allem kultureller Natur; dies gilt speziell für die Provinzhauptstadt Bozen mit dem Archäologiemuseum, in dem die Gletschermumie Ötzi ausgestellt ist.

Diese sehr unterschiedlichen Eigenschaften der verschiedenen Destinationen machen ein einheitliches Management des Tourismus-Phänomens in Südtirol schwierig. 2016 wurde deshalb IDM – Innovation Development Marketing gegründet, ein Unternehmen der Autonomen Provinz Bozen-Südtirol, das die Aufgabe hat, die touristische, wirtschaftliche und unternehmerische Destination Südtirol international zu managen, zu kommunizieren und zu vermarkten.

Quelle: IDM – Innovation, Development and Marketing

Die dominierende Religion in unserer heutigen Gesellschaft ist der Liberalismus, die Überbetonung individueller Wünsche und Vorstellungen, die als höchste Form der Selbstbestimmung gefeiert wird. Nach dem Motto: Keiner kann uns vorschreiben, was gut ist und was schlecht. Dabei sind die Grenzen des freien Marktes klar: Weder kann er garantieren, dass Gewinne gerecht zustande gekommen sind, noch, dass sie gerecht verteilt werden. Im Gegenteil, die Gewinngier macht den Einzelnen regelrecht blind. Wenn Wachstum tatsächlich unser höchster Wert ist, dann haben wir es bis zur Katastrophe nicht mehr weit. Das neoliberale Dogma des Marktes allein, dem wir uns nur allzu häufig unterwerfen, kann einfach nicht als Lösung für jedes Problem herhalten. Er ist ein kleines, einfallsloses Konzept, das uns in jeder neuen bedrohlichen Situation doch immer nur wieder dieselben alten Rezepte aus der Tasche kramen lässt. Deshalb halte ich es für dringend notwendig, dass wir der Spekulation, die den Ausverkauf unseres Landes vorantreibt, einen Riegel vorschieben. Um den alten Bestand an traditionellen Bauten haben sich unsere Politiker und Gemeinderäte praktisch nie gekümmert; ihr ganzes Streben galt der maximalen Nutzung von erlaubtem Bauvolumen, weshalb sie ein Baugesetz am Leben halten, das hinten und vorne nicht funktioniert. Nach Durnwalder-Logik gilt: Wer stehen bleibt, hat schon verloren. Immer weiter wachsen, noch größer werden, noch mehr Geld verdienen – nur darum geht es bei uns. Was der Begriff Ökonomie etymologisch eigentlich bedeutet, weiß bei uns keiner mehr. Der altgriechische Terminus *oikonomia* setzt sich zusammen aus den Wortteilen „Haus" und „Gesetz", meint wörtlich übersetzt also die Hausverwaltung. Unsere Politik aber spornt uns zum Investieren an, zum Schuldenmachen, statt uns zum bewussten Führen und Verwalten unseres Hauses zu motivieren, wobei Haus für Gemeinwohl steht. Erst als das Coronavirus auftauchte, begannen sich die

Dinge zu ändern: Die Banken gewähren jetzt zwar längere Fristen für die Kreditrückzahlung, stufen zugleich aber das Rating der Unternehmen herab, erhöhen die Zinsen und gewähren neue Kredite nicht mehr so leicht. Das System, auf dem bisher alles aufbaute, zeigt die ersten echten Risse. Doch über Jahrzehnte hinweg hatten wir eine äußerst großzügige Verwaltung, unter der praktisch jeder tun konnte, was er wollte. Unter ihrer Ägide hat sich unser Bergdorf in eine monokulturelle Tourismushochburg verwandelt.

Wie der Skeptiker Pyrrhon von Elis sagte: Es ist schwer, den Menschen abzulegen. Ich möchte ergänzen: Es ist schwer, den Homo oeconomicus abzulegen, der in uns herangewachsen ist. Spekulation ist Sünde, wenn ihr einziger Sinn in der Gewinnmaximierung besteht und nicht im Geringsten auf das betroffene soziale Umfeld geachtet wird. Spekulation ist auch kein richtiges Projekt, denn das Wort Projekt kommt vom lateinischen *proicere*, und das bedeutet „nach vorne werfen". Spekulation ist demnach auch keine echte Vision für die Zukunft, kein Sich-Öffnen in Richtung Wandel und Transformation. Der von touristischer Attraktivität ausgelösten Spekulation diametral entgegen steht das, was ich als Gastfreundschaft bezeichne. Mit Gastfreundschaft können wir wirklich neue Ziele erreichen. Reine Spekulation hingegen nimmt unserem Arbeiten im Tourismus etwas von seiner Schönheit. Sie entfernt uns vom echten Leben, verletzt die Regeln, die uns Mutter Natur gesetzt hat. Wenn die Wirtschaft sich schneller entwickelt als die Kultur, dann haben wir ein Problem. Dann haben wir sogar ein soziales Dilemma. „Man kann höchstens eine Generation lang reich und ignorant sein", hat mir mal der Politiker und Journalist Ricardo Franco Levi gesagt.

Wir können die Berge nicht einfach auf eine Wochenend-Destination reduzieren. Leute, die sich in einem Tourismusort eine

Ferienwohnung kaufen, haben oft einen verzerrten Blick auf das Leben in diesem Ort. Sie neigen zur Idealisierung des sozialen Kontextes und nehmen ihn auf eine Weise wahr, die wenig mit der Wirklichkeit zu tun hat. Wer immer nur ein paar Tage bleibt, kann nicht richtig Teil der örtlichen Gemeinschaft werden, denn dazu bräuchte es ein ausgeglichenes Verhältnis zwischen Geben und Nehmen; der Gast müsste auch Verantwortung in der Gemeinschaft übernehmen, er müsste dauerhaften Einsatz zeigen, nicht nur ab und zu am Wochenende. Die Erfahrung hat auch gezeigt, dass Menschen, die sich eine Ferienwohnung kaufen, diese Ferien dann tatsächlich mehr oder weniger in dieser Wohnung verbringen. Sie essen gerne zu Hause, lassen also nur wenig Geld im Ort. Dafür klopft jetzt immer öfter das große Kapital bei uns an, gerne auch aus dem Ausland. In Einzelfällen ist es in Alta Badia schon vorgekommen, dass entscheidende Anteile an historisch bedeutenden Immobilien an ausländische Investmentgesellschaften verkauft wurden. Dieses Phänomen wird die existierenden Betriebe in Zukunft noch stärker betreffen, vor allem weil sie wegen Corona ohnehin schon schwer in der Krise stecken.

Die Sache mit den vielen Ferienwohnungen hat jedoch auch eine gute Seite, und die betrifft die Wertschätzung von Architektur und Landschaft. Wer etwas kauft, wird sich kaum eine bauliche Scheußlichkeit hinstellen wollen oder einen international renommierten Stararchitekten engagieren, der keine Ahnung hat von Land und Leuten. Die architektonische Aufwertung, die wir in den letzten Jahren erlebt haben, verdanken wir tatsächlich auch den *Fremden*. Sie haben uns Einheimische positiv beeinflusst und eine Wertschätzung für traditionelles Bauen gezeigt, die uns selbst irgendwie abhandengekommen war. Wer von draußen zu uns gekommen ist, hat natürlich auch Umweltbelastungen verursacht, doch weniger als wir Einheimischen. Er hat spekuliert und Fläche verbaut, aber weniger als wir Bergbewohner. Als wir, die wir unser Land an reiche Industrielle verscherbelt, auf einen Schlag einen Haufen Geld verdient und dabei die Zerstörung unseres eigenen natürlichen und sozialen Umfelds vorangetrieben haben. Aber wie der alte Giarone immer gesagt hat, ein ladinischer Bauer, Schleppliftbetreiber, Hotelier und Vater von 14 Kindern: „Das Geld verdienst du nur einmal, aber das Stück Land, das du verkauft hast, das hast du für immer verloren." Natürlich steckt in Verallgemeinerungen immer viel Falsches. Genauso wie nicht alle Auswärtigen unsere Traditionen und unser Land mit Füßen treten, sind nicht alle Einheimischen misstrauisch und ignorant. Aber wer sind diese Auswärtigen eigentlich genau? Wer sind die Einheimischen? Und was sind ihre Rechte?

# Einheimischsein
*Vom Umgang mit dem Land*

Niemand kann sie sehen, die Kletterer, wenn sie in
vollkommener Stille über dem Abgrund hängen,
ganz in ihren tollkühnen Kampf vertieft; und wenn
sie, von der Nacht überrascht, sich steif vor Kälte auf
einen schmalen Felsvorsprung kauern und warten,
dass die Sonne zurückkehrt und der Kampf weitergehen kann.

Dino Buzzati

Meine Leute. Wir Einheimischen. Oft betrachten wir ja selbst
Landschaftsschutzmaßnahmen oder eine rigide öffentliche Verwaltung als Störfaktoren – und die Rücksicht auf das Schöne als
Hindernis. Bei uns zu Hause möchten wir gefälligst selbst über
die Dinge entscheiden, so rufen wir, und merken dabei gar nicht,
dass sich ohne Auflagen und Restriktionen die Verhältnisse ganz
schnell umkehren. Denn dann hat auf einmal die Tourismusindustrie das Heft in der Hand und bestimmt über uns. Und
noch eines scheint uns nicht klar zu sein: dass diese Entwicklung
letztlich auch unsere eigene Identität beeinflusst.

Doch der Reihe nach. Wer sind sie denn eigentlich, diese
Einheimischen hier bei uns? Die Alpen wurden erstmals im Jahr
218 v. Chr. erwähnt, als Hannibal sich an ihre Überquerung
machte. Dann tauchten die Römer auf und übernahmen die
Kontrolle über ein Gebiet, das ihnen zumindest anfänglich wenig geeignet für ihre Siedlungen vorkam. Mit den ersten öffentlichen Liebeserklärungen an unsere Berge müssen wir uns bis
zum Maler Tizian gedulden, der im 16. Jahrhundert auch die

Sehnsucht nach seinem südlich von Cortina gelegenen Geburtsort Pieve di Cadore auf der Leinwand festhielt. Im 20. Jahrhundert dann bezeichnete der französische Architekt Le Corbusier die Dolomiten als die schönste Architektur der Welt. Der Grödner Schauspieler und Regisseur Luis Trenker machte die Dolomiten in seinen Büchern und Filmen weltbekannt und Dino Buzzati, Schriftsteller und Künstler aus Belluno, malte in seinem Bild „Dom von Mailand" eine regelrechte Hymne auf die „Bleichen Berge", wie die Dolomiten ihres hellen Gesteins wegen oft auch genannt werden. Erst vor Kurzem – im Jahr 2018 – sprach auch die „New York Times" von den Dolomiten als einer „überirdischen Schönheit". Den alten Römern hingegen gefielen die Dolomiten nicht. Schönheit bewerteten sie nach Kriterien der Nützlichkeit oder zumindest nach den Kriterien von damals, nicht nach den unsrigen. Weil sich die Dolomiten einer einfachen Nutzbarmachung widersetzten, fanden die Römer auch ihren Anblick nicht schön. Es gelang ihnen auch nicht, sich als Kinder dieses Landes zu betrachten, denn ihr Bezugspunkt war und blieb immer nur Rom mit seinen Straßen, Brücken und Aquädukten sowie das fruchtbare mediterrane Ambiente mit seinen Weinbergen und Obsthainen. Je weiter sich die Römer von ihrer Urbs entfernten, umso unzivilisierter kam ihnen die Welt vor. Erst recht auf 2.000 Metern über dem Meer, wo sich unrasierte Räuberbanden wilde Schlägereien um die territoriale Vorherrschaft lieferten. Für die Römer war der Krieg eine Kunst, die nach präzisen Regeln abzulaufen hatte. Nichtsdestotrotz gelang es Julius Cäsar und seinem Adoptivsohn Augustus, über die Alpenregionen zu regieren, Verbindungsstraßen anzulegen und die Pässe zu kontrollieren, die für die Beherrschung der ganzen Region von großer strategischer Bedeutung waren. Über diese Straßen begannen nun Menschen und Waren zu ziehen, in karawanenartigen Gruppen, an deren Spitze kundige Einheimische gingen. Diese waren, wenn man so will, die ersten Reiseveranstalter der Gegend. Die gewaltige Menge an historischen Fundstücken, alten Münzen, Hufeisen, Töpfergeschirr und Werkzeug, die in den Alpen gefunden wurde, zeugt von der großen Bedeutung, die diese Aktivitäten für unsere Region besaßen – in einer Zeit, in der der Handel erblühte und die ersten Beispiele für gewerbliche Gastfreundschaft Schule machten. Die Römer regierten ohne jede Rücksicht auf die lokalen Völker, die in ihrem Reich zusammenkamen und die zusehen mussten, wie ihre Ressourcen ausgebeutet wurden. Die gleichzeitig aber auch erkennen ließen, dass sie das politische, wirtschaftliche und soziale System ihrer Besatzer durchaus zu schätzen wussten. Was so weit ging, dass sie sich mitunter sogar selbst romanisierten.

Doch eine echte Antwort auf meine Frage habe ich bis heute noch nicht gefunden: Wer sind denn nun die echten Einheimischen? Sind es nicht vielleicht eher die Österreicher, die in diesen Bergen gekämpft haben? Oder hat sich all dieses biologische und kulturelle Erbgut ohnehin längst miteinander vermischt? Noch einmal: Bin ich, der ich den Nachnamen Costa trage, weniger einheimisch als mein Nachbar, der Kostner heißt? Oder sind ganz einfach die Bergbewohner die Einheimischen? Und gilt das dann für die, die wirklich hier geboren sind, oder auch für die Zugewanderten, die erst später zu Bergbewohnern wurden?

Ich gehe schon auch in die Berge. Allerdings nur zu meinem Vergnügen, und anschließend kehre ich auch wieder gerne in mein komfortables Zuhause zurück. Meine Eltern gingen noch persönlich mit den Gästen auf den Berg, und das jeden Tag. Ich hingegen will meine Berge ganz egoistisch für mich alleine genießen. In die Berge zu gehen, das ist für mich ein ganz intimer, besonderer, heiliger, unantastbarer Moment. Das Bedürfnis, mich in die Berge zurückzuziehen, verspüre ich jeden Tag ganz deutlich. Es lehrt mich den Respekt vor der Natur, lässt mich nicht Pilze zertreten, nur weil sie nicht essbar sind, führt dazu, dass ich einen Wald nicht als Spielplatz begreife. In dieser Hinsicht empfinde ich mich absolut als echten Bergbewohner, als authentischen Einheimischen. Denn es geht darum, wie wir unsere Lebenswelt erfahren – und das impliziert grundlegende Werte und Überzeugungen, die wir mit dem Leben an diesem spezifischen Ort verbinden. Werte, die wir nicht nur irgendwie oberflächlich wahrnehmen, sondern tief in uns spüren und leben.

Jeden Morgen nach dem Aufwachen gehe ich auf die Terrasse hinaus, um mir die Berge anzusehen. Dazu trinke ich eine erste Tasse japanischen Tees. Es ist gerade mal fünf Uhr früh und noch ganz still. Ich lasse mir den Tee schmecken und richte den Blick auf die Felszacken über mir. Das Gefühl von Frieden in mir verwandelt sich in Rührung, weil ich daran denke, dass ich gleich hochsteigen werde auf diesen Berg, und das erzeugt ein Gefühl von Verletzlichkeit. Ich spreche mit dem Berg. Er ist es, der mir meine Limits aufzeigt, mir ein Gefühl für Grenzen vermittelt. Mir klopft immer das Herz, wenn ich mit aufgezogenen Fellen durch den Schnee aufsteige. Die Angst, unter einer Lawine zu enden oder mir einfach nur ein Bein zu brechen, ist immer da. Ich ziehe grundsätzlich allein los, und ich weiß, dass ein Schneesturm in dieser bildschönen Naturlandschaft gefährlich, ja tödlich sein kann. Wenn alles um dich ein einziges, weißes Wirbeln ist, wenn du Himmel und Erde nicht mehr voneinander unterscheiden kannst, wenn die Kälte dir ins Gesicht beißt, in die Hände und in die Füße, dann wird die Versuchung, einfach stehen zu bleiben und auszuruhen, unwiderstehlich. Und das könnte dich das Leben kosten.

# Die Dolomitenladiner

## Historisches

Heute zählen rund 30.000 Menschen zur sprachlichen Minderheit der Dolomitenladiner, auch Sella-Ladiner genannt, weil sie in den fünf auf das Gebirgsmassiv der Sella zulaufenden Dolomitentälern leben: in Gröden (Ladins Gherdëina), im Gadertal mit Enneberg (Ladins Mareo), im Val di Fassa (Ladins Fascia), in Fodom und in Ampezzo (Ladins Ampëz).

Die ladinische Sprache, durch die sich diese Minderheit auszeichnet, entstand ab dem Jahr 15 v. Chr., als die Römer das Alpengebiet besetzten, und zwar aus der Vermischung des von den römischen Soldaten und Verwaltungsbeamten gesprochenen Vulgärlateins mit dem Rätischen, der Sprache, die von den Rätern gesprochen wurde, den Bewohnern des mittleren Alpenraums. Das Ladinische setzte sich im gesamten Alpenraum durch, bis um 600 n. Chr. vom Norden her die Bajuwaren nach Tirol eindrangen. Als Folge der germanischen Völkerwanderungen wurde das Ladinische in die abgelegenen, schwer zu erreichenden Nebentäler zurückgedrängt und mit dem Deutschen und dann mit dem Italienischen vermischt. Das Territorium der ladinischen Minderheit wurde erst von Bayern (1806) und dann von Österreich annektiert (1813). Zu seiner Auflösung kam es am Ende des Ersten Weltkriegs, als das Gebiet auf drei italienische Provinzen und zwei Regionen aufgeteilt wurde: Ampezzo und Fodom wurden Venetien (und zwar der Provinz Belluno) zugeschlagen; Gröden, Gadertal und Val di Fassa kamen zur Region Trentino-Alto Adige, wobei Gröden und Gadertal an die Provinz Bozen gingen und das Val di Fassa an die Provinz Trient. Damals begannen die Ladiner erstmals, sich mit Forderungen Gehör zu verschaffen. Die eigene Flagge mit den Farben Blau, Weiß und Grün wurde anlässlich einer Veranstaltung auf dem Sellajoch im

Jahr 1920 geschaffen, bei der die Ladiner für ihr Recht auf Selbstbestimmung eintraten. Wenig später erlebten unter dem Faschismus neben den deutschsprachigen Südtirolern auch die Ladiner das Drama des Optionsabkommens, bei dem sie sich zwischen Hitlers Deutschland und Mussolinis Italien zu entscheiden hatten. Wer für Deutschland stimmte (und das waren rund 2.000 Menschen), verpflichtete sich damit automatisch, Südtirol zu verlassen.

Der lange und komplizierte Weg der Ladiner zu ihrer Anerkennung als ethnisch-sprachliche Minderheit begann erst nach Ende des Zweiten Weltkriegs, parallel mit dem Kampf der Südtiroler um die Autonomie der Provinz Bozen, deren Bevölkerung zum Großteil deutschsprachig war. Die deutsche und die ladinische Minderheit wurden 1951 offiziell anerkannt, doch erst mit dem Zweiten Autonomiestatut im Jahr 1972 wurden auch Maßnahmen zum Schutz der ladinischen Sprache und Kultur eingeführt. Weil es sich jedoch um Maßnahmen handelte, die auf Südtirol begrenzt waren, hatten die Ladiner der Provinzen Trient (also die Ladiner des Val di Fassa) und Belluno (die Ladiner aus Fodom und Ampezzo) nichts davon. Immerhin stieg das Bewusstsein für die „ladinische Frage", was 1975 zur Gründung des Ladinischen Kulturinstituts Majon di Fascegn in der Provinz Trient und des Kulturinstituts Micurà de Rü in Südtirol im Jahr darauf führte. Aufgabe beider Einrichtungen ist die Förderung und Bewahrung der ladinischen Sprache und Kultur.

### Die Situation heute

Die Ladiner Südtirols und des Trentino sind in den Regierungen der beiden autonomen Provinzen jeweils mit einem Landesrat vertreten. In Südtirol wird die ladinische Sprachminderheit auch im Schul- und Verwaltungssektor berücksichtigt: Der Schulunterricht in den ladinischen Tälern findet je zur Hälfte auf Deutsch und auf Italienisch statt; zwei Stunden sind für den Unterricht in ladinischer Sprache und Kultur reserviert. Die Arbeitsplätze in der öffentlichen Verwaltung werden auf der Grundlage des ethnischen Proporzes zwischen den Sprachgruppen der Region (deutsch, italienisch und ladinisch) vergeben. Die öffentlich-rechtliche Rundfunkanstalt Italiens (Rai) strahlt über Rai Ladinia Sendungen in ladinischer Sprache aus. Die Region Venetien hingegen hat für die ladinischen Sprachminderheiten von Fodom und Ampezzo keine derartigen Maßnahmen beschlossen, sodass die venetischen Ladiner im Vergleich zu ihren Brüdern und Schwestern aus Gröden, dem Gadertal und dem Val di Fassa benachteiligt und vom Verlust ihrer Sprache und Kultur bedroht sind.

Quelle: Lois Craffonara, Die Dolomitenladiner

Ich habe Luca Mercalli, einen in Italien sehr bekannten Meteorologen, Klimaforscher und Wissenschaftsautoren, gebeten, mir etwas über die Berge zu schreiben. Interessanterweise hat auch er sich für den Aspekt der Grenze entschieden. „Das Wichtigste, das man bei einer Annäherung an die Berge lernen kann, ist meiner Meinung nach das Gefühl für die Grenzen. Du spürst die Grenzen deiner Kräfte, denn ein Aufstieg durch Fels und Eis kann dich fix und fertig machen. Du spürst die Grenzen dessen, was du an Kälte ertragen kannst, denn eine Nacht im Freien kann dich umbringen. Du spürst die Grenzen deines technischen Könnens, denn die Schwerkraft kennt kein Pardon, und wenn du abstürzt, kann dich das dein Leben kosten. Du spürst auch deine begrenzte Zeit hier auf Erden, denn nie wirst du alle Gipfel dieses Planeten besteigen können − es gibt viel mehr Berge, als du Lebenstage zur Verfügung hast. Bergbauern gelangen an ihren Steilhängen, deren Ertrag nun einmal limitiert ist, an ihre Grenzen. Es geht um die Grenzen des Raums in den

Bergen, denn Täler, Felsbänder, selbst Hochebenen sind schmal und es passt nicht alles hin, was du vielleicht gerne hättest. Grenze ist jedoch ein Wort, das heute nicht mehr gefällt. Die Werbung feiert überall das ‚no limits‘, und der Wettbewerb erfordert ohnehin, dass einer seine Grenzen ständig überwindet. Alles muss erlaubt sein, es gibt keine Limits mehr, höchstens noch im eigenen Kopf! Der Haken ist nur leider, dass in einer Welt, in der Dimensionen und physikalisch-chemische Prozesse limitiert sind, auch du deine Grenzen hast. Wenn du das nicht begreifst, schaufelst du dir dein eigenes Grab, denn dann rast du irgendwann gegen die große Grenzmauer, die auch unten im Tal oder mitten in der Stadt stehen kann, und brichst dir das Genick. In den Bergen bekommt der Mensch seine Grenzen einfach nur früher aufgezeigt. Das hilft, rechtzeitig ein entsprechendes Bewusstsein zu entwickeln und abzubremsen. Nachzudenken. Wenn nötig, sogar mal länger Pause zu machen und abzuwarten, dass sich der Nebel lichtet. Dass die stillen Steinmännchen zum Vorschein kommen, die den Weg markieren, während wir sie immer für bedeutungslose Steinhaufen gehalten und mit dem Bagger platt gewalzt haben. Kluge Bergsteiger brechen ihre Gipfelbesteigung ab, wenn echte Gefahr droht, und steigen wieder ab. Der Abstieg erweist sich in solchen Fällen oft als lebensrettend. Wir müssen es also nicht als Niederlage betrachten, wenn wir angesichts der lebensbedrohenden Risiken für unser Klima und unsere Biosphäre beschließen, einen anderen Weg einzuschlagen, wenn nicht sogar ganz umzukehren. So eine Umkehr muss nicht zwangsläufig mit Mühsal, Hunger, Kälte und Elend verbunden sein. Man würde einfach nur einen sicheren, behaglichen Ort erreichen, an dem es alles gibt, was wirklich nötig ist. Im richtigen Maß. Nicht in Überfluss und Maßlosigkeit. Auch in den Dolomiten.“

Du willst in die Berge? Dann geh los, und zwar zu Fuß. Mich interessiert die landschaftliche und spirituelle Dimension der Berge, nicht die sportliche. Dass vor der Tat der Gedanke steht und vor dem Erfolg der Traum, wusste schon der amerikanische Kletterpionier Royal Robbins. Doch die Menschen verhalten sich, als besäßen sie das ewige Leben. Das haben sie aber nicht. „Heute bin ich fast sicher, dass dem Bergtod nichts Edles innewohnt, sondern dass er ganz im Gegenteil fast immer eine fürchterliche Vergeudung darstellt. Was mich selbst betrifft, so riskiere ich bereits seit einiger Zeit nichts mehr. Nur selten lasse ich mich noch auf Bergtouren ein, bei denen ich mich mit dem Seil sichern muss. [...] Die Faszination der Berge liegt für mich heute mehr in ihrer Schönheit als im Risiko, mehr in der Freude als in der Angst, mehr im Staunen als im Schmerz, mehr im Leben als im Tod", schreibt der Schriftsteller und Alpinist Robert Macfarlane. Weil wir durch das Übermaß an Freiheit, das wir seit einigen Jahrzehnten genießen, das Gefühl für Grenzen verloren haben, wissen wir auch nicht mehr, welche Form der Freizeit uns wirklich guttut. Freizeit und Erholung schenken uns Glücksmomente, die uns für die Zukunft motivieren. Viele Menschen freuen sich auf Weihnachten, weil sie glauben, bei Harrods & Co. das große Glück zu finden. Doch in den Kaufhäusern wartet nicht Erholung, sondern Betäubung. Das Schwindelgefühl, das uns im Überfluss einer Shopping-Mall ergreift, ist gefährlicher als der Schwindel, den der Abgrund unter einem Dolomitengipfel erzeugt, wenn man sich nicht bewusst damit auseinandersetzt. Im Übermaß an Freiheit zeigt sich auch unsere Weigerung, uns selbst kennenlernen zu wollen. Die Berge dagegen sollten uns wahre Freiheit lehren, die Freiheit der Grenzen. Wenn wir uns jedoch weiterhin in der Grenzenlosigkeit verlieren, dann geht uns immer mehr von der instinktiven Klugheit verloren, mit der wir zur Welt gekommen sind. Ohne die aber gibt es keinen Weg zum Glück. Und auch nicht zu einem Leben in echter Gemeinschaft. Auch der rötliche Lichtschimmer, den ich beim morgendlichen Teetrinken auf der Terrasse genieße, stellt eine dünne Grenze dar. Die „dämmernde Früh mit Rosenfingern", wie Homer sie beschrieben hat, muss man flugs einfangen wie einen Gedankenblitz, bevor sie sich wieder auflöst. Die Berge bieten uns die Gelegenheit, den Blick schweifen zu lassen, zuzuhören, die Gedanken fliegen zu lassen. Schritt für Schritt befreien wir uns von der Schwere des Kopfes; jede Handlung bekommt etwas Heiliges. Und wir Sterblichen nähern uns dem Göttlichen.

Das Land, in dem ich geboren bin, gehört mir nicht. Als einheimisch oder indigen hat man früher Völker bezeichnet, die – wie einst die Athener – ein bestimmtes, klar definiertes Gebiet schon so lange bewohnten, dass man glauben konnte, sie wären direkt aus der Erde herausgewachsen. Ich hingegen möchte die Idee des Einheimischseins um den Aspekt der Bodenständigkeit erweitern. Darunter verstehe ich mehr als nur schlichte Heimatverbundenheit. Oft interpretieren wir Bodenständigkeit einfach nur als Liebe zu Geranienbalkons, zu einem ordentlich gefüllten Sparbuch und zu traditionsgemäß zubereiteten Speckknödeln. Als Synonym für Stillstand und Sackgasse. Mit Freiheit, meinen wir, habe das nichts zu tun. Doch meine Bodenständigkeit steht nicht für Bewegungslosigkeit, im Gegenteil: Wenn wir mit beiden Beinen fest auf dem Boden stehen, können wir im wahrsten Sinne des Wortes Fortschritte machen, können nach vorne schauen, ohne gleich den Halt zu verlieren, ohne uns vor dem Unbekannten zu fürchten. Mit beiden Beinen am Boden zu bleiben, ist das exakte Gegenteil von Nachlässigkeit, Langweiligkeit und Oberflächlichkeit. Es erlaubt uns Flexibilität, Kreativität, Tiefgang. Wenn wir fest auf beiden Beinen stehen, können wir uns mit dem Oberkörper hin

Froh zu sein, bedarf es wenig: das Ehepaar Costa mit Michil, Mathias, Joe und Petra.

und her drehen und den Kopf reisen lassen. Auf nur einem Bein verlören wir sofort das Gleichgewicht, und auf drei Beinen kämen wir nicht richtig voran. Zwei Beine dagegen sind perfekt: Auf dem einen stehen wir, das andere schwingt fröhlich nach vorne, der Zukunft entgegen. Wenn unser Standbein festen Halt hat, können wir alle Hindernisse überwinden und der Fantasie freien Lauf lassen. Wurzeln haben und zugleich die Flügel ausspannen. Ein wenig Baum sein, ein wenig Wind. Genau das macht für mich einen klugen Einheimischen aus: dass er fest in der Region verwurzelt ist, gleichzeitig aber den Blick nach außen richtet und die Gedanken frei fliegen lässt. Weil er seine Heimat leben will, aber auch an der globalen Entwicklung teilhaben. Ob er dagegen ein echter „Eingeborener" ist oder erst kürzlich zugereist – das spielt für mich so gut wie keine Rolle.

# Gästebetten
*Die Berge als Kapital?*

Der moderne Kapitalismus braucht Menschen, die
reibungslos und in großer Zahl zusammenarbeiten,
die mehr und mehr konsumieren wollen, deren
Geschmack jedoch standardisiert, leicht zu beeinflussen und vorauszusagen ist.

Erich Fromm

Über die Jahrzehnte hat sich das Reisen in den Tourismus verwandelt oder auch in die kommerzielle „Reisebranche", eine Art
modernen Menschenhandel. Ihr Ziel: so viele Betten wie möglich zu füllen. Da sind sich die Herrscher der Tourismushoch-
burgen einig. Und wehe, jemand spricht sich für eine Betten-
obergrenze aus! Die Berge, die uns einst unsere Grenzen setzten,
sind heute ein Kapital, aus dem Profit geschlagen werden muss.
Solch schreckliche Begriffe verwenden wir mittlerweile für unsere Natur! Doch wir können nicht zulassen, dass die Berge unserer Heimat, über die einst mein Freund Mike glücklich mit
seinem Drachen glitt, nur noch als Bilanzposten betrachtet und
im Hinblick auf ihre Rendite bewertet werden. Wir leben im
Zeitalter des Kapitalozäns, in dem der Kapitalismus als ökologi-
sches Regime die Natur organisiert und sie den Erfordernissen
von Kapital, Produktion und der Anhäufung von Reichtum
unterwirft. So stellt sich für Jason W. Moore, einen Dozenten
der New Yorker Binghamton University, die Umweltproblematik
dar. Leider können wir uns hier nicht ausführlicher mit dem
Übergang vom Anthropozän zum Kapitalozän beschäftigen,
doch wir sollten Moores These im Kopf behalten, wenn wir über

den Unterschied zwischen Tourismus und Gastfreundschaft nachdenken und über besonnenes Handeln. Tourismus bedeutet die Ausbeutung des Umwelt- und Sozialkapitals und daher zwangsläufig das Melken der Kunden. Die Gastfreundschaft dagegen eröffnet uns ganz neue Horizonte.

Aber das reicht gewissen Hoteldirektoren nicht. Speziell nicht solchen, die ihre egozentrischen Vorstellungen als bedeutende Erkenntnisse verkaufen und sich allein über ihre Fünf-Sterne-Lebensläufe definieren. Die „wir" sagen, obwohl sie doch nur von sich selbst sprechen, und die jenen weitverbreiteten Egoismus verkörpern, der das genaue Gegenteil ist vom Prinzip der Gastfreundschaft, in dem es ja um das Geben und Sich-Öffnen geht. Oft waren es eben diese Karrieristen-Manager, die – angetrieben von grenzenlosem Ego und eiskaltem Leistungsstreben – das Prinzip der Gastfreundschaft in ein unpersönliches Business verwandelten und damit die ganze Branche industrialisierten. Das vielleicht eklatanteste Beispiel dafür fand sozusagen in unserer Mitte statt – die Rede ist vom Skipassverbund Dolomiti Superski, dem Zusammenschluss der Bergbahnbetreiber aus den Dolomiten-Skigebieten. Dolomiti Superski entstand im Jahr 1974, als sich ein paar Bergbahnen zu einem gemeinsamen Skipass zusammenschlossen, und gehört heute mit rund 1.200 Pistenkilometern zu den größten Skigebieten der Welt. Die Institution Dolomiti Superski hat den Dolomiten eine touristische Stabilität verliehen, wie man sie sonst von der italienischen Adriaküste, von Cancun oder Sharm el Sheikh kennt. Sie hat auch das vom italienischen Faschismus begangene politische Verbrechen wiedergutgemacht, bei dem die ladinischen Täler – Gröden, Fassatal, Livinallongo mit Colle Santa Lucia, Gadertal und Cortina d'Ampezzo – verwaltungstechnisch auf drei Provinzen und zwei Regionen aufgeteilt wurden. Diese Maßnahme hatte Menschen voneinander getrennt, die dieselbe Sprache sprachen, dieselbe

Kultur teilten. Das Gadertal und Gröden waren zu Südtirol gekommen, das Fassatal zur Provinz Trient – beides Provinzen mit Autonomiestatut, die über die Möglichkeiten und die Mittel verfügten, die ladinische Sprache und Kultur am Leben zu erhalten. Die Bewohner der venetischen Täler hatten da weniger Glück. Dolomiti Superski jedenfalls entstand, damit einerseits die Nutzer mehr Möglichkeiten und Spaß beim Skifahren hatten und andererseits die Nutzungsgeber mehr Geld verdienen konnten. Die Vernetzung der Bergbahnbetreiber führte talübergreifend zu einem Zweckbündnis und zu neuen Dialogmöglichkeiten. Man begeisterte sich gemeinsam für ein neues Ziel: die Verbesserung des touristischen Angebots zur Gewinnsteigerung. Doch beim Ausbau von Liftanlagen und Skitourismus wurden grundlegende Problematiken wie der Klimawandel oder der enorme Wasser- und Energieverbrauch für Beschneiungsanlagen völlig außer Acht gelassen. Ist uns eigentlich klar, dass wir seit Jahrzehnten nicht mehr in der Lage sind, auf Naturschnee Ski zu laufen?

Unser Wunsch – oder unser Bedürfnis –, alles zu beherrschen, macht mich schon ein wenig traurig. Selbst ins Wetter wollen wir uns einmischen und machen aus Nutzung Ausnutzung. Ich habe einen Freund und Kollegen in Gröden; er ist Hotelier und Bergbahnbetreiber in dritter Generation, und ich finde, dass er recht hat, wenn er sagt: „Es ist absoluter Wahnsinn. Sobald die Temperatur unter null Grad fällt, sind wir gezwungen, mit unseren Schneekanonen Tausende von Kubikmetern Schnee auf diese tristen Wiesen zu schießen. Ohne das geht es gar nicht mehr." Klar, zurück können wir jetzt nicht mehr, so wie wir uns die Berge einverleibt haben, denn ohne Kunstschnee würden viele Wintersaisons dramatisch schlecht laufen. Trotzdem müssen wir uns gründlich mit der Frage beschäftigen: Wie können wir die Umweltprobleme mit den harten Gesetzen des Marktes vereinbaren? Haben wir das Recht auf eine andere Wahrnehmung von Zeit und Raum, von Wasser, Luft und Umwelt? Ist das, was wir tun, recht und richtig? Unser Problem sind nicht so sehr Krisen und außergewöhnliche Geschehnisse, sondern die Alltäglichkeit, an die wir uns gewöhnt haben.

Manchmal muss ich daran denken, was für einen Spaß die Leute hatten, die früher zu uns zum Skilaufen gekommen sind. Sie schnallten sich zwei Holzbretter an die Füße und stiegen zum Col Alt hoch. Abends gab es ein paar Knödel, danach einen Grappa mit dem Wirt; das Leben war gut und die Welt in Ordnung. Damals, nach dem Ende des Zweiten Weltkriegs, wurde die Gastfreundschaft in unserem Tal noch voller Begeisterung gelebt. Und heute? Sind die Dolomiten zu einer VIP-Destination geworden, in der raffinierte Gäste auf viel beschäftigte Gastgeber treffen. Die wirklich feine Gesellschaft gibt es ja schon lange nicht mehr. Wo sind sie denn geblieben, die gekrönten Häupter, das Großbürgertum, die Künstlerinnen und Schriftsteller und Dandys und Spione und Abenteurerinnen, die früher einmal die Spielbanken und Grandhotels bevölkerten, die Strände und Kurbäder, die Promenaden und Restaurants, und die überall denselben behaglichen, vertrauten Luxus suchten, in dem sie versinken konnten im Bewusstsein, etwas Besonderes zu sein und über den anderen zu stehen? Heute lässt sich in den Dolomiten allenfalls noch das Funkeln und Glitzern der Blechlawinen bewundern, der geparkten Autos – im Winter an den Talstationen der Bergbahnen, im Sommer auf den Pässen. Es ist die Logik der Zahlen, der Zwang, um jeden Preis Gästebetten zu füllen, was den Charakter und die Natur eines Ortes zerstört. Deshalb hat Cancun heute überhaupt nichts mehr mit dem wahren Mexiko zu tun, hat die italienische Adriaküste längst ihre Ursprünglichkeit verloren. Was kann uns jetzt noch helfen, das Gleichgewicht zwischen unternehmerischem Ehrgeiz und Identitätsbewahrung wiederherzustellen? Es haben sich ja auch die Bedürfnisse von uns Einheimischen geändert. Wie gerne würde ich mal wieder Mütter und Väter erleben, die gemeinsam mit ihren Kindern im Schnee spielen, ohne permanent in ihre Handys zu brüllen. Oder Skipisten ohne diese entsetzlich lärmenden und stinkenden Schneemobile. Wie gerne würde ich zusammen mit meinen Nachbarn und unseren Gästen wieder der Stille eines Bergdorfs lauschen, das nicht nur vom Gedanken an touristisches Wachstum beherrscht wird. Denn die Vergangenheit lässt uns einfach nicht los; noch immer wirft sie ihre Schatten an unsere Hauswände. Wie können wir es schaffen, der Nostalgiefalle zu entkommen und dennoch wettbewerbsfähig zu bleiben?

„Ich träume von einem Dorf in den Bergen, von meinem Dorf, das ich so sehr liebe, das isoliert liegt von den anderen, aber durch den ‚goldenen Knoten‘ zwischen Ich und Nicht-Ich, zwischen Himmel und Erde verbunden ist", schrieb François Mauriac. Ich habe nicht den Eindruck, als würden sich die Touristiker und Touristikerinnen die Tatsache, dass die Dolomiten UNESCO-Welterbe der Menschheit sind, wirklich zu Herzen nehmen. Wer dagegen offenbar nichts anderes als das Welterbe im Kopf hat, sind die Marketingexperten. Das UNESCO-Logo ist überall zu finden – es klebt auf dem Heck unserer SUVs, prangt in riesigen Lettern auf unseren Homepages oder unter dem Foto eines 2.000 Quadratmeter großen Spa. Offenbar haben wir nie ein Bewusstsein dafür entwickelt, dass wir unser Welterbe auch schützen, bewahren und verteidigen müssen. Denn das würde bedeuten, dass wir zu ganz anderen Maßnahmen greifen müssten. Natürlich ist es lobenswert, bestimmte Berge unter Schutz zu stellen, aber insgesamt funktioniert die große Tourismusmaschine eben nur mit der Masse. „Die Alternative heißt zusperren. Als Kind habe ich noch erlebt, dass die Veranstaltungen bei uns eine gewisse Ursprünglichkeit besaßen. Heute hingegen …", schüttelt ein lieber Freund den Kopf. Er ist Hotelier, genau wie ich, und als „Alternativer" verschrien, als einer, der gut reden hat, „denn er hat's ja geschafft". Diese Etiketten wie „Wasser predigen und Wein trinken" sind mir bestens vertraut; die werden auch mir gerne angeheftet. Besonders in die Schusslinie geriet ich vor einigen Jahren anlässlich eines Straßenbauprojekts in einem besonders schönen Gebiet der Dolomiten, gegen das ich protestierte: Die Straße sollte das schwer zu erreichende Antersasc-Tal erschließen, das im Naturpark Puez-Geisler liegt und zu Natur 2000 gehört, einem von der Europäischen Union geschaffenen Zusammenschluss besonders wertvoller Schutzgebiete. Als Protestmaßnahme organisierte ich ein Begräbnis. Rief ein paar Freunde zusammen, und wir zogen los, die Berge zu beerdigen, denn die UNESCO-Dolomiten waren mit dieser Straße ja wohl eindeutig gestorben. Die Begräbnis-Aktion sollte eine klare Botschaft sein: Das Straßenprojekt stellte eine Bedrohung für viele Tierarten des Naturparks dar, die auf irreparable Weise unter den Bauarbeiten gelitten hätten. 200 Leute machten bei der Aktion mit, bei der wir zu den Klängen des Totengebets *De Profundis* und anderer düsterer Weisen einen Pappmaché-Sarg mit der Aufschrift „Antersasc" bestatteten, um damit unserer Trauer und Erschütterung Ausdruck zu verleihen. Der damalige Landeshauptmann Südtirols, Luis Durnwalder, wurde fuchsteufelswild, als er von der inszenierten Beerdigung erfuhr. Im Jahr 2021, neun Jahre später, entschied der Staatsrat, dass die Straße gebaut werden darf, obwohl sie im Naturpark Puez-Geisler liegt. Der Entschluss machte einmal mehr deutlich, dass unser Welterbe-Status rein abstrakte Bedeutung hat. In der Praxis liegen Welterbe und Rummel ziemlich dicht beieinander.

Wer glaubt, dass sich der Tourismus geändert hat, dass der Wandel also irgendwann in der Vergangenheit stattfand, irrt sich gewaltig: Der Tourismus verändert sich ständig, er ist permanent im Wandel begriffen. Was sich aber so schnell wandelt, findet keine Zeit, Wurzeln zu schlagen, wird rasch brüchig. Das touristische System ist höchst zerbrechlich geworden, viel zu anfällig, wie uns die Coronakrise gezeigt hat, als über Monate hinweg keine Gäste mehr in die Berge, in die Städte, ans Meer reisten. Dieser erzwungene Stillstand hat uns eines gelehrt: Je höher der Anteil des Tourismus am Bruttoinlandsprodukt eines Staates, desto anfälliger wird dieses Land, weil ihm jedes Mal die Rezession droht, sobald ein unglückseliger Vorfall an seiner Reputation kratzt oder die Reisefreiheit einschränkt. Es ist eine Frage von Vision, Mentalität und Perspektive. Zwar glaube ich nicht an die große Kulturrevolution, doch eine langsame Metamorphose dürfte zu schaffen sein. Wichtig ist, dass wir zumindest schon mal mit dem Planen beginnen. Dass wir uns ganz konkret mit dem Unterschied zwischen Tourismus und Gastfreundschaft beschäftigen, und zwar im Wissen, dass uns nur die Gastfreundschaft den Weg in die Zukunft weisen kann. Tiziano Terzani hat geschrieben: „Nur wenn wir erkennen, dass im Universum alles zusammenhängt und sich in jedem einzelnen Element das große Ganze spiegelt, werden wir begreifen, wer wir sind und wo wir stehen. Die Schönheit der Welt liegt in ihrer Vielfalt." Und das ist der Punkt. Wir sind im Begriff, uns in etwas Hässliches zu verwandeln, und das Hässliche macht unsere Identität kaputt. Die künstlichen Seen auf 2.000 Meter Höhe in den Dolomiten, wo im Hochsommer die Kinder planschen, während sich Mama und Papa im mitgebrachten Liegestuhl sonnen, gerade so, als wären wir am Strand von Rimini – wie soll angesichts dieser Szenen ein Besucher auf die Idee kommen, sich einfach nur still unter einer Lärche ins Gras zu legen? Die endlosen Blechschlangen an den Talstationen der Bergbahnen – sie laden nicht dazu ein, zu Fuß loszuwandern. Der Dorfplatz, eigentlich das klassische Zentrum allen Lebens, der Ort, an dem alles zusammenkommt, hat diese soziale Funktion in hoch entwickelten Tourismusortschaften längst eingebüßt. Es findet immer weniger Interaktion statt zwischen den Menschen, die in diesen Orten zu Hause sind, und denen, die zu Besuch kommen. Wir haben das Erscheinungsbild ganzer Täler, Orte und Städte verändert, um das Leben effizienter und die Übernachtungsmöglichkeiten attraktiver zu gestalten und um die Tourismusströme zu optimieren. Wir haben das alles mit bemerkenswertem Erfindungsreichtum getan und sind auch vor Kitschlösungen nicht zurückgeschreckt – weshalb heute vor einem „Family Hotel" eine verstörende riesige Plastikmaus Wache hält, weshalb die Neon-Inschriften der Skischulen auch im Hochsommer blenden, weshalb „Alpine Resorts" heute mit „Wellness Experience" im „Infinity Pool" werben, weshalb Brauchtum einfach erfunden wird, zum Beispiel in Form rustikaler Prozessionen, bei denen die Teilnehmer die ladinische Tracht tragen. Überhaupt das Ladinische, unsere schöne, alte Sprache – in kleinen Dosen wird sie allerorts über das touristische Marketing gebröselt wie zum Beweis der Authentizität des Angebots. Ähnlich verhält es sich mit dem Tiroler Dirndl, das zur offiziellen Arbeitskluft der Mitarbeiterinnen in der Branche geworden zu sein scheint. Und dann hätten wir noch die hämmernden Bässe und Disco-Sounds in den Berghütten auf 2.000 Metern und darüber. Es nimmt und nimmt kein Ende. In den künstlichen Kulissen sind Erholungspausen nicht vorgesehen.

Immer stärker wird auch der Trend zur Vereinheitlichung touristischer Unterkünfte. Kitsch ist angesagt. Aktuell erleben wir den Boom von Bauten im reduzierten, geometrischen Stil, mit riesigen Fensterfronten, wie sie absolut untypisch sind für den Alpenraum, wo Fenster und Öffnungen des Klimas wegen traditionell klein waren. Unglaubliche Mengen an aufbereitetem Altholz werden verbaut. Das Holz mag tatsächlich alt sein, hat jedoch alle Authentizität verloren, weil es von seinem Ursprungsort und seiner ursprünglichen Verwendung entkoppelt wurde. Gerade in den neuen Hotels wird oft Holz eingesetzt, das aus irgendwelchen europäischen Regionen herangeschafft wurde und somit seiner ursprünglichen Bedeutung beraubt ist. Es soll als typisches Deko-Element fungieren, wirkt aber oft einfach nur obsolet. Seit Jahren schon diskutieren wir darüber, welche Form von Architektur wir im Hochgebirge haben wollen: den traditionellen Hüttenlook oder die moderne Version davon? Eigentlich ist es egal. Hauptsache, der Kontext stimmt; Hauptsache, die Hütten behalten ihre Funktion als Schutzhütte und mutieren nicht zum Fünf-Sterne-Hotel oberhalb der Baumgrenze, das per App zu buchen ist und mit einer Disney-Architektur aus Türmchen, Erkerchen und korinthischen Säulen den Touristen bespaßt, der sein Geld dalassen soll. Dass aus Bergbauernhöfen Luxushotels werden, kommt vor – überall in den Alpen und auch in den Dolomiten. Das Auge gewöhnt sich leider an alles, mit dem Ergebnis, dass uns die fehlende Eleganz und Schönheit von Gebäuden schon bald gar nicht mehr auffällt. Ich spreche hier vor allem von einer bestimmten Ästhetik, die sich schon in viel zu vielen touristischen Orten breitgemacht hat. Die Architektur ist anonym geworden, unpersönlich, hat sich an internationale ästhetische Standards angepasst. Sie zeigt sich vor allem in Größe und Wucht – in gewaltigen und offensichtlich stark umweltbelastenden Bauten ausgerechnet dort, wo man auf dem Boden bleiben und der Natur die Bühne überlassen sollte. Unser versessenes Bemühen, moderne Weltbürger auf der Höhe der Zeit zu sein, hat zu fantastischen Auswüchsen geführt, mit denen wir unsere Traditionen kompromittiert haben. Manche hier haben diese Entwicklung herbeigewünscht, weil sie – vom Globalisierungsglitzern geblendet – tatsächlich daran geglaubt haben. Andere hingegen haben einfach nur mitgetan bei der Verschandelung und Gigantomanie, mit der Begründung, dass es die Gäste so wollen, vor allem die, die nur kurz bleiben. Auch das Land Südtirol hat seinen Teil beigetragen, indem es all das Geld, das ihm bis zum Beginn der Coronaphase reichlich zur Verfügung stand, nach allen Seiten großzügig ausgeschüttet und das touristische Baufieber so noch zusätzlich angeheizt hat. Der Großteil dieser Unterkünfte hat längst nichts mehr mit der Geschichte und Kultur unserer Alpentäler zu tun; es sind die Ramschtische einer touristischen Monokultur. Das ist die Situation. Und nun? Wir müssen uns darüber klar werden, was wir zu bieten haben und wohin wir gehen wollen. Früher einmal dienten die Schutzhütten zur Rast vor oder nach einer echten, anstrengenden Gipfeltour. Heute gondelt man gemütlich mit der Bergbahn hoch und sucht dann – wenn man es denn wirklich so nennen möchte – „Schutz" in der Lobby vorm künstlichen Kaminfeuer bei erlesenem Rotwein. Es liegt mir fern, Bequemlichkeit grundsätzlich zu geißeln, und ich finde auch nicht, dass ein Bergerlebnis zwangsläufig Qual und Askese bedeuten muss. Aber wir müssen uns entscheiden: Welche Zukunft wollen wir für unsere Alpen?

„Gott hat die Menschen rechtschaffen gemacht, aber sie haben sich in allen möglichen Berechnungen versucht", heißt es im Buch Kohelet, und so erfinden diese Menschen dann endlose Komplikationen. Interessant finde ich auch die gerade so beliebte touristische Kommunikationsstrategie, die Vergangenheit mit alten Schwarz-Weiß-Fotos zu zelebrieren. Guckt mal, wie schön doch unsere Welt vor 60 Jahren war! Dafür gibt es viele Likes und enthusiastische Kommentare, in denen voller nostalgischer Schwärmerei erzählt wird, wie es früher einmal zugegangen ist.

Unsere Geschichte zerfällt in lauter kleine Geschichtchen, wird zu reinem Storytelling. Und keiner fragt sich, warum wohl unser Heute diesen Charme nicht mehr besitzt. Was fehlt denn den aktuellen Farbfotos, dass sie es in Sachen Schönheit nicht mit den alten Schwarz-Weiß-Bildern aufnehmen können? Der Punkt ist, dass wir uns unbewusst vom Zugehörigkeitsgefühl zu einer Region oder Kultur angezogen fühlen und dass wir als Touristiker nicht begreifen, wie stark umgekehrt der Tourismus auf die Identität unserer örtlichen Kultur einwirkt. Ob wir echte Gastfreundschaft anbieten oder nur kalten, oberflächlichen Kommerztourismus – es macht etwas mit uns. Mit echter Gastfreundschaft gebe ich dem Gast die Möglichkeit, meine Kultur, meine Religion, mein Zugehörigkeitsgefühl zu einer bestimmten Identität kennenzulernen. Gleichzeitig habe ich als Touristiker die Gelegenheit, etwas von der Kultur und Identitätsmatrix des Gastes zu erfahren und diese wertzuschätzen. Es entsteht eine für beide Seiten fruchtbare Beziehung, mit allen Rechten und Pflichten, aber eben auch mit Bereicherung für alle Beteiligten. Unsere Identität wird geformt durch das Land, in dem wir leben, durch die Umwelt und die Gemeinschaft. Genau das sind aber auch die Attraktionspunkte für unsere Gäste. Der Tourist – der Gast – ruft uns in Erinnerung, wie wichtig unsere Identität ist. Er weist ihr einen Wert und eine Bedeutung zu, die wir ohne ihn vielleicht gar nicht mehr wahrnehmen würden. Diese Wertschätzung unserer Identität – ob sie jetzt südtirolerisch ist oder gesamtitalienisch – verstärkt wiederum unser Zugehörigkeitsgefühl. Als Italiener und Italienerinnen bringen wir vom Kolosseum bis hin zu Riccardo Muti ja schon ein ziemliches Paket an kultureller Identität mit, auf das wir stolz sein können. „La Grande Bellezza" tut uns gut und wirkt auch positiv auf die Touristen ein. Genau das sollte aber auch für die Kultur unserer näheren Umgebung gelten – ob das jetzt die Äpfel aus dem

Ultental sind, das Villnösser Brillenschaf, der Brixner Bischofs-garten oder das Ladinische, unsere wunderbare Sprache, die schon so viele Stürme überstanden hat. Unser größter Besitz ist unser Wissen. Wir müssen es sorgfältig konservieren. Das heißt, dass wir unsere eigene Vergangenheit kennen und die Erinnerung daran am Leben halten müssen, dies aber aus echter Verbundenheit und Interesse und nicht nur, weil die Vergangenheit eine interessante Marketingstrategie abgeben könnte. Gleichzeitig müssen wir uns die Zukunft vorstellen oder wenigstens den Versuch dazu unternehmen. Nur dann lässt sich verhindern, dass die chaotische Gegenwart mit all ihren Dramen unsere Identität verbiegt. Der Weg zu unternehmerischem Erfolg führt über die Fähigkeit zurückzublicken und den Mut, nach vorne zu sehen. Unsere Berge sind keine Rummelplatzkulisse, vor der wir eine Show aufführen, sie sind echt. Sie haben ein Leben. Als die glücklichen Bewohner des sogenannten Bel Paese haben wir die Verpflichtung, die Schönheit und Kultur unseres Landes zu erkennen, wertzuschätzen und zu bewahren – nicht so sehr für die anderen, sondern zunächst einmal für uns selbst. Unsere französischen Nachbarn treten da sehr viel selbstbewusster auf. Sie verkaufen kulinarische Spezialitäten wie Roquefort oder Château d'Yquem zu exorbitanten Preisen in alle Welt, während wir es noch nicht mal geschafft haben, den Castelmagno, einen der besten und traditionsreichsten Käse des Landes, außerhalb des Piemonts bekannt zu machen. Die ganze Welt schwärmt von der „Grande Bellezza" Italiens, nur wir Italiener selbst müssen noch das richtige Bewusstsein für die Schätze entwickeln, die wir zu bieten haben. „Im Namen eines grundlegenden Prinzips: nämlich, dass die Bewahrung der kulturellen, landschaftlichen und naturbezogenen Güter absolute Priorität besitzt. Alles andere ist sekundär, und jegliche hypothetische Veränderung oder Fortentwicklung muss diesen Werten radikal untergeordnet werden." So formulierte es der Journalist, Schriftsteller und Umweltschützer Antonio Cederna, der jahrelang für die großen italienischen Tageszeitungen „Corriere della Sera" und „Repubblica" als Reporter unterwegs war. Diese Worte waren sein Credo; er wiederholte sie sein ganzes Leben, das er mutig der Bewahrung von Italiens landschaftlicher und städtischer Identität widmete. Cedernas Worte sollten in jeder Amtsstube, die sich mit der Verwaltung unseres Landes beschäftigt, in die Wand gemeißelt werden.

Die enorme Zunahme der Gästebetten und die Verzehnfachung des Bauvolumens sind wie Wellen eines Tsunamis, der über ein Atoll hinwegbricht und dort alles und jeden unter Wasser setzt, die Kultur begräbt, die Identität verwässert und das nötige Gleichgewicht zwischen Gegenwart und Zukunft zerstört.

# Sklavendienste
*Social Media, die neuen Nicht-Orte*

Die Ferne ist heute nicht mehr fern. Sie ist nah,
begehbar, häuslich geworden. Die Ferne ist in
den Wohnungen angekommen, auf den Computer-
monitoren und den Handydisplays.

Antonio Prete

Wissen ist ein Gut, Unwissen ein Übel, sagte Sokrates. Der
Mensch hat das Mammut überlebt, weil er die Fähigkeit zur Flexibilität besitzt, weil er Pläne und Systeme gestaltet – Fähigkeiten,
die sich Tiere nur sehr langsam aneignen können. Der Mensch als
Grenzwesen, das keine Grenzen hat, schrieb der Soziologe Georg
Simmel in *Brücke und Tür*. Doch es kostet Anstrengung, das Ge-
hirn einzuschalten und die Sinne scharf zu stellen, heute mehr
denn je. Der Journalist Giulietto Chiesa schrieb: „Das kollektive
Bewusstsein wurde durch die faktische Eliminierung von Arbeits-
plätzen und Fabriken ausgelöscht, wo Tausende Individuen die
gleichen Aufgaben erfüllten und sich dabei als ihresgleichen er-
kannten. Die einzigen Kollektivorte der Gegenwart, die Basiliken
der modernen Zeit, sind Kaufhäuser und Shopping-Malls, die man
isoliert, nämlich im Auto, aufsucht, und wo man sich ausschließlich anhand des Konsums, der Einkäufe erkennt und wiederer-
kennt. Kunden derselben Schuhmarke, desselben Computerher-
stellers. Benutzer derselben Suchmaschine. Bürger desselben
sozialen Netzwerks. Individuen, die zu wählen glauben, indem sie
eine Computertaste drücken. Also Ex-Menschen, die unter Demokratie die Summe ihrer Klicks verstehen. Wissen, miteinander
sprechen und lernen sind zu überholten Modellen geworden."

Diese trostlosen Orte hat Marc Augé 1992 als „Nicht-Orte" bezeichnet, weil sie den größtmöglichen Gegensatz zu echten, „anthropologischen Orten" darstellen. An diesen „Nicht-Orten" kreuzen sich heute die Wege von Millionen Einzelpersonen, ohne dass zwischen ihnen eine Begegnung oder Interaktion stattfände. Weil alle nur konsumieren wollen oder rasch ein paar Alltagsbesorgungen erledigen. Es ist unmöglich, in diese „Nicht-Orte" das Wesen, den Geist, die Kultur echter, geschichtsträchtiger Orte zu integrieren. Letztere sind folglich nur noch als hübsche Kulissen für schnell vergängliche Selfies nützlich. Ein „Nicht-Ort" par excellence ist die Welt der sozialen Netzwerke, in denen man zu sein glaubt, während man es in Wirklichkeit eben nicht ist.

Ein Gemeinderat hat mal zu mir gesagt: „Hör mal, wir würden auch gern am Ortseingang unseren Ortsnamen in gigantischen Lettern aufstellen, so wie ihr das in Corvara und Kolfuschg gemacht habt. Das gefällt den Leuten und funktioniert super auf den Social Media, weil jeder anhält und ein Foto knipst." Früher riskierten die Leute ihr Leben, um in eine Dolomitenwand zu klettern und dort ein Edelweiß zu fotografieren. Heute geht ein Foto schon dann viral, wenn es nur das Schild mit der Aufschrift „Edelweißtal" zeigt. Bis vor wenigen Jahren war der wunderschöne, türkisblau schimmernde Sorapis-See in der Provinz Belluno ein beliebtes Ziel für Touristen; allerdings ist die Anreise etwas umständlich. Deshalb hat ihn jetzt der Pragser Wildsee im Pustertal abgelöst, der einem größeren Publikum durch die italienische Fernsehserie „Die Bergpolizei" mit Terence Hill bekannt wurde und zu dem man ganz bequem im Auto hinfahren kann. Endlose Autokolonnen wälzen sich jetzt dorthin; die Leute springen raus, knipsen ein Selfie und fahren wieder. Sie wollen einfach mal kurz da gewesen sein.

Ein Foto von einem sogenannten touristischen Hotspot gemacht zu haben, gilt heute mehr, als an diesem Ort wirklich etwas erlebt zu haben. Im Sommer 2019 habe ich das mit eigenen Augen in Bagno Vignoni sehen können, einem Örtchen im südtoskanischen Val d'Orcia, das in den Reiseführern steht, weil es dort statt einer Piazza ein uraltes, großes, steinernes Thermalbecken gibt. In diesen Thermalquellen kurten bereits Papst Pius II., die heilige Katharina von Siena und Lorenzo de' Medici. Ich sah also in Bagno Vignoni einen Reisebus stoppen, die Touristen stürzten heraus, bereits mit gezücktem Handy, um das Becken zu fotografieren. Nur einige wenige gingen die paar Schritte zum Quellenhaus weiter, wo das Wasser heiß und dampfend aus der Erde sprudelt. Alle anderen stellten sich nur kurz an den Beckenrand, um das obligate Selfie zu machen. Der Busfahrer wartete mit laufendem Motor; er hatte nicht mal genug Zeit, seine Zigarette zu Ende zu rauchen. „Es ist schon elf!", keuchte er. „Wir müssen noch nach Montichiello und Pienza und dann zum Mittagessen in Siena sein. Wir sind jetzt schon viel zu spät." Digitale Beziehungen sind ja so praktisch! Man kann sich hinter dem Monitor verstecken, kann den Stein werfen und schnell die Hand zurückziehen, kann persönliche Verbindungen knüpfen, ohne je körperlichen Kontakt zu haben. Die Displays unserer Smartphones verbinden uns vielleicht virtuell, doch sie bringen die Menschheit nicht näher zusammen.

Die Vorherrschaft der Technologie hat uns in eine neue Welt katapultiert. Dagegen müssten wir aufbegehren, müssten wieder den „homo faber fortunae suae" in den Mittelpunkt stellen, den Menschen als Schmied seines Glücks. Müssten uns fragen, wer wir sind, woher wir kommen, wohin wir gehen. Wir befinden uns mitten in einer Revolution. Obwohl geschätzt die Hälfte der rund sieben Milliarden Menschen umfassenden Erdbevölkerung gar kein Smartphone besitzt, sind weltweit etwa 23 Milliarden dieser Geräte aktiv. Sie produzieren unvorstellbare Mengen an Kommunikation: Fotos, Texte, „Geteiltes", kodifizierte Spuren in der Höhe von Quintillionen Bytes. Eine Flut von Zeichen, Symbolen und ihrer intellektuellen Verarbeitung, die unfassbar viel größer ist als alles, was jede vorangegangene Kultur jemals hervorgebracht haben mag. Wir können also zu Recht von einer Revolution sprechen. Indem wir im Internet konsumieren und uns dafür auf allen möglichen Plattformen registrieren, sorgen wir für die Produktion von Content, doch im Unterschied zu normalen Arbeitern werden wir dafür nicht bezahlt, sondern selbst zur Kasse gebeten. Die Kommunikation zwischen Menschen, aber auch innerhalb der Unternehmen oder zwischen Menschen und Unternehmen findet mittlerweile auf der Basis von Fotos, Emojis und anderen absurden Zeichen und Symbolen statt, die ich auf meinem alten Handy zum Glück nicht lesen kann. Ein Smartphone besitze ich nämlich nicht, und ich will auch keines haben. Für mich sind die sozialen Netzwerke weniger ein Feld der Begegnung denn ein Ort eines Zusammenstoßes. Die Mitarbeiterinnen, die sich in unseren Hotels um die Kommunikation kümmern, sagen, dass es ohne Social Media nicht mehr geht. Auch ich habe einen Twitter-Account, bin bei Facebook und Instagram und führe einen Blog, der mir sogar viel Freude bereitet. „Michil, wir haben eine Hoteliersgruppe auf Whatsapp gegründet, da teilen wir Infos. Du solltest auch dabei sein", hat mich ein Kollege eingeladen. „Tut mir leid, kein Interesse", habe ich geantwortet. Ich habe eine Assistentin, die manchmal ein paar Gedanken von mir veröffentlicht und Bescheid sagt, wenn interessante Nachrichten reinkommen. Selbst verschicke ich SMS; das reicht mir, ich will nicht auch mit gesenktem Kopf und dem starren Blick aufs Handydisplay durchs Leben stolpern. Wenn ich Bekannte treffe, die ich länger nicht gesehen habe und die sich dann gleich über ihr Handy beugen, um mir dort irgendwas zu zeigen, dann verweigere ich mich dem kategorisch. Ich will nicht gucken, ich möchte lieber ein Gespräch führen, so richtig mit Worten, statt nur Bilder und Videos auf irgendeinem Display auszutauschen.

Sicher, ein Bild wirkt unmittelbarer als ein Wort. Doch wir dürfen nicht vergessen, dass unsere Mission als Touristiker darin besteht, Gastfreundschaft zu gewähren und nicht die Digitalplattformen mit unnötigem Zeug vollzustopfen. Wenn wir unsere Arbeit wirklich lieben, wenn wir wirklich gastfreundlich sein wollen, wenn wir Gäste haben wollen, die nicht nur für ein paar Sekunden anhalten, um ein Selfie zu machen, sondern die sich entspannt hinsetzen und einen nach allen Regeln der Kunst gemixten Negroni bestellen – wenn wir das wollen, dann brauchen wir wieder Worte. Wir müssen uns darüber klar werden, was Worte bedeuten, was sie bewegen können. In der Tourismuspromotion sind Worte der emotionale Träger der Gastfreundschaft. Sie verzaubern den Gast, lassen den Menschen begreifen, dass ein gut geführtes Leben auch glücklicher macht. Doch diese Worte müssen echt sein, kein Marketingsprech. Sie müssen einen Inhalt haben. Sprache ist Teil unserer Identität und verstärkt sie. Empfindungen und Gefühle in Worte zu kleiden, ist keine leichte Aufgabe. Wenn wir dann auch noch zum aktuellen Neusprech greifen – *taggen*, *chatten*, *swipen* –, dann simplifizieren wir unsere Ausdrucksweise, machen sie ärmer, berauben sie ihres Gehaltes und machen uns selbst unglaubwürdig. Schon den Sophisten im alten Griechenland wurde vorgehalten, Worte ohne Wahrheit zu verwenden. Die Sophisten lehrten gegen Bezahlung die Kunst der Rhetorik und galten als Wortklauber und Schwindler, auch wenn sich die Forschung inzwischen bemüht, den Blick der Sophisten auf gesellschaftliche Probleme und ihr laizistisches, undogmatisches Verständnis von Wissen in einem neuen, positiveren Licht zu sehen. Das auch im Deutschen mitunter verwendete englische Adjektiv *sophisticated* beschreibt extreme Raffinesse, aber auch ein gekünsteltes, geziertes Wesen. Es ist also nicht unbedingt ein Kompliment, als *sophisticated* zu gelten, genauso wenig wie es elegant wirkt, einen Sassicaia aus dem Whisky-Tumbler zu trinken.

Eine weitere Eigenheit unserer heutigen Kommunikation, die ich nicht begreife, ist die zwanghafte Verwendung von Anglizismen. Warum muss es unbedingt Wellness heißen statt Entspannung oder Wohlbefinden? Was haben Experience, Wine Tastings und Tour Guides in unserem Vokabular verloren? Statt einer Speech kann man ganz wunderbar einen Vortrag halten, und ich sehe auch nicht ein, weshalb der Kundenservice in Customer Care umgetauft werden muss. Jetzt in Coronazeiten haben mich natürlich die Conference Calls genervt. Und statt Meetings mit Kollegen und Mitarbeitern bevorzuge ich Treffen. Auch ein Must-have ist keineswegs unentbehrlich. Völlig schleierhaft ist mir übrigens die Wortwahl auf der Website von Alta Badia, wo es unter dem Stichwort „spritzige Aktivitäten für anspruchsvolle Entdecker" Begriffe wie Challenge, Adrenaline Rush, Recharge, Peaks und Trails hagelt. Paradox schon deshalb, weil im Kapitel „Land und Leute" auf derselben Website mit Nachdruck auf das in Alta Badia gesprochene Ladinisch hingewiesen wird. Englisch wirkt halt cool, auch wenn es das meiner Meinung nach nicht ist, es ist höchstens trendy. Was ich besonders hasse, ist das „All you can eat", und zwar in jeder Hinsicht. Es ist noch schlimmer als das bereits allseits geschmähte „All inclusive". Grundsätzlich aber verbirgt sich hinter der anglophonen Fassade ganz offensichtlich ein begrenztes Vokabular und ein ebenso begrenzter Geist: Es ist halt easier, einen englischen Begriff zu verwenden, statt nach dem passenden italienischen oder deutschen Wort zu suchen, denn dieses Wort müsste man ja kennen, man müsste auch eine gewisse Auswahl an Synonymen zur Verfügung haben, die Etymologie kennen, die genaue Bedeutung. All das hat Folgen. Denn je karger unsere Sprache wird, desto ärmer wird auch unsere Kultur.

Ein arabisches Sprichwort sagt, dass jedes Wort durch drei Tore schreiten soll, bevor es ausgesprochen wird. Auf dem ersten Tor steht: Ist es wahr? Auf dem zweiten Tor: Ist es notwendig? Und auf dem dritten: Ist es freundlich? Wenn wir dieses Sprichwort ernst nähmen, dann würden wir in einer sehr stillen Welt leben. In sozialen Netzwerken dagegen geschieht das totale Gegenteil: Es wird übertrieben, geplärrt und gepöbelt und insgesamt nur wenig nachgedacht. Um sicherzugehen, dass seine Worte nicht verdreht würden, unterrichtete Platon seine Studenten, indem er ausschließlich mit ihnen sprach. Worte haben die Kraft, etwas zu schaffen und etwas zu zerstören. Sie belassen es nicht bei der Beschreibung der Wirklichkeit. Wie Architekten errichten sie das Haus, in dem wir leben, und können es jederzeit verändern. Die richtigen Worte zu verwenden, ist ein Akt großer Verantwortung. Wahre und freundliche Worte können die Welt verändern, heißt es in der buddhistischen Philosophie, die dabei an den ausgewogenen Einsatz der jeweils passendsten Begriffe denkt, ohne dem Gegenüber gleich alles hinzurotzen, was einem durch den Kopf geht. Psalm 39: „Ich will auf meine Wege achten, damit ich nicht sündige mit meiner Zunge." In unseren Hotels kann es vorkommen, dass ein arroganter Gast die Bedienung anbrüllt, weil ihm die Wartezeit zu lang ist. Es kommt vor, dass ein Familienvater die Spa-Leiterin zur Schnecke macht, weil Kinder bei uns zwischen 17 und 19 Uhr nicht in den Ruhebereich dürfen. Es kommt vor, dass Menschen, die glauben, dass alles auf der Welt käuflich sei, das Zimmermädchen begrapschen. Solche Menschen zu verhöhnen, ist kontraproduktiv, sie vor aller Welt als Knallschoten hinzustellen, ist viel zu brutal. Besser ist es, auf solches Verhalten mit Ironie und Leichtigkeit zu reagieren. Sagen aber muss man unbedingt etwas, sonst wäre es ja so, als hätte man den Glauben an eine bessere Welt verloren. Mehr als einmal habe ich unverschämte Kunden, die unsere Mitarbeiter beleidigt haben, aufgefordert, das Hotel zu verlassen. Für gute Gastfreundschaft braucht es ein Gegenüber, das mitspielt.

Der Sprachverarmung, zu der in letzter Zeit auch die populistischen Politiker stark beigetragen haben, ist das Aufkommen eines Neusprechs geschuldet. Vulgäreloquenz wurde zur Redekunst erhoben, sogar zum politischen Programm. Die Regel sind heute öffentliche Ansprachen, in denen zwanghaft immer dieselben Wörter benutzt werden, ein allgemeines Lallen, in dem die Wörter allmählich ihre wahre Bedeutung verlieren. Man benutzt triviale, verallgemeinernde Vokabeln, statt nach dem wirklich passenden Ausdruck zu suchen, greift zu Floskeln und schwülstigen Formeln ohne Aussagekraft. Das führt dazu, dass sich parallel dazu auch die Gedanken der Menschen vereinheitlichen oder, schlimmer noch, dass sie verkümmern. Höchste Zeit, eine sanfte, kleine Revolution einzuläuten. Am besten, indem wir erst einmal unsere eigene Kommunikation unter die Lupe nehmen. Unter den Mitarbeitern unserer Hotels beispielsweise grassiert, wenn sie Italienisch sprechen, das Wörtchen *assolutamente*. Ich nehme an, es dient dazu, eine Aussage zu verstärken. Wenn also ein Gast fragt: „Können Sie mir bitte einen Kaffee bringen?", dann antwortet der Kellner oft: „*Assolutamente*, unser Kaffee ist auch wirklich hervorragend", was aber eigentlich nur den Verdacht weckt, dass der Kaffee womöglich doch nicht so gut ist. Anderes Beispiel: die Rezeption. Wenn Gäste durch die Hoteltür kommen, nachdem sie stundenlang bei strömendem Regen mit jammernden Kindern auf dem Rücksitz im Stau gestanden sind, kann man sie nicht mit der Floskel „Und, gute Reise gehabt?"

begrüßen. Weniger gastfreundlich geht es kaum. Vorsicht auch bei der Verwendung gewisser Adjektive: Es gibt keine „einzigartigen" Hotels. Einzigartig kann vielleicht eine bestimmte Blume sein, ein Berg, ein Mensch. Aber bestimmt keine touristische Destination. Auch „authentisch" passt selten, denn dieses Adjektiv leitet sich vom griechischen *autos* ab, was „selbst" bedeutet. Ein Tourismus, der darauf angewiesen ist, Touristen für sich zu begeistern, kann gar nicht authentisch sein, denn hier geht es ja grundsätzlich um Inszenierung. Heute möchte jede touristische Destination einzigartig, exklusiv, unberührt, traumhaft sein. Fast immer verspricht sie Einklang mit den Traditionen, oft sogar mit den Werten aus der guten alten Zeit. Die Versuchung, einen Ort so zu erzählen, wie er eben nicht ist, scheint unwiderstehlich: das Wirtshaus, wo noch ganz wie zu Großmutters Zeiten gekocht wird (allerdings mit industriell hergestelltem Olivenöl schlechtester Qualität), die romantische Weihnachtsbeleuchtung in den Straßen (die mit kaltem, weißem Neonlicht erzeugt wird), der von den Fischern im apulischen Dorf frisch geangelte Fisch (der dann bei genauerem Hinsehen doch vom Großmarkt im venetischen Chioggia kommt), der Pilgerweg Via Francigena mit den entzückenden romanischen Kirchen (die alle geschlossen sind). Das Orakel von Delphi wusste, wie die große Herausforderung des Lebens lautet: „Gnōthi seautón", erkenne dich selbst. Wie aber können wir das mit unseren unternehmerischen Zielen vereinbaren?

Zum Beispiel so: Indem wir auch in der Unternehmenskommunikation originell, rebellisch und furchtlos auftreten. Im Sommer 2021 haben wir das ausprobiert und eine Social-Media-Kampagne gestartet, die mal nicht von unberührter Natur und atemberaubenden Landschaften schwärmte und auch sonst die abgedroschenen Klischees der Tourismuswerbung komplett außen vor ließ. Stattdessen wollten wir zum Nachdenken darüber einladen, dass man nicht nur im August in den Dolomiten Sommerurlaub machen kann, wie ja vor allem die italienischen Touristen glauben. Dazu haben wir eine Reihe bunter Collagen entworfen und uns damit jeweils an einen bestimmten Urlaubertypus gewandt: Radfahrerinnen zum Beispiel haben wir empfohlen, lieber nicht an Ferragosto, dem wichtigen italienischen Feiertag am 15. August, zur legendären Umrundung des Sellamassivs zu starten, weil sie riskieren würden, von den Tausenden Autos und Motorrädern in den Abgrund gedrängt zu werden, die an diesem Tag die Passstraßen rauf- und runterröhren. Kletterern haben wir erklärt, dass sie bei Touren auf die Sellatürme im August wegen des dröhnenden Lärms von den Passstraßen riskieren, die Rufe der Bergkameraden in ihrer Seilschaft nicht mehr zu verstehen. Den Autofahrerinnen, die ja am liebsten immer direkt unter den Drei Zinnen parken würden, haben wir kommuniziert, dass sich die Dolomiten im August in den Vorhof der Hölle verwandeln. Ganz besonders deutlich sind wir gegenüber den Motorradfahrern geworden. Ihnen haben wir klipp und klar erklärt, dass sie, falls sie eine Unterkunft für einen ihrer Biker-Treffs suchen, in unserem Hotel nicht willkommen sind. Das war in jeder Hinsicht eine klare Ansage und sie war ernst gemeint: Weil wir keine Gruppenreservierungen für all die Motorrad- und Sportwagenfahrer angenommen haben, die unsere Dolomitenpässe so gerne mit dem Misano-Circuit verwechseln, haben wir im Sommer 2020 auf potenzielle Einnahmen in Höhe von 165.000 Euro verzichtet.

Die Gastfreundschaft, die wir Hoteliers anbieten, muss sich in Aufmerksamkeit ausdrücken, in offenen Augen und offenem Geist – und nicht in Mystifizierung und Kommerzialisierung um jeden Preis. Eine solche Aufmerksamkeit lässt sich nicht einfach durch einen Algorithmus ersetzen. Von einer Sache bin ich fest überzeugt: Die Erfahrungen, die Touristen an einem für sie fremden Ort machen, müssen im Einklang mit den Erfahrungen der anderen Menschen stehen. Der Menschen, die diesen Ort kennen, die hier leben und aufgewachsen sind. Und die diesen Ort lieben oder zumindest lieben müssten.

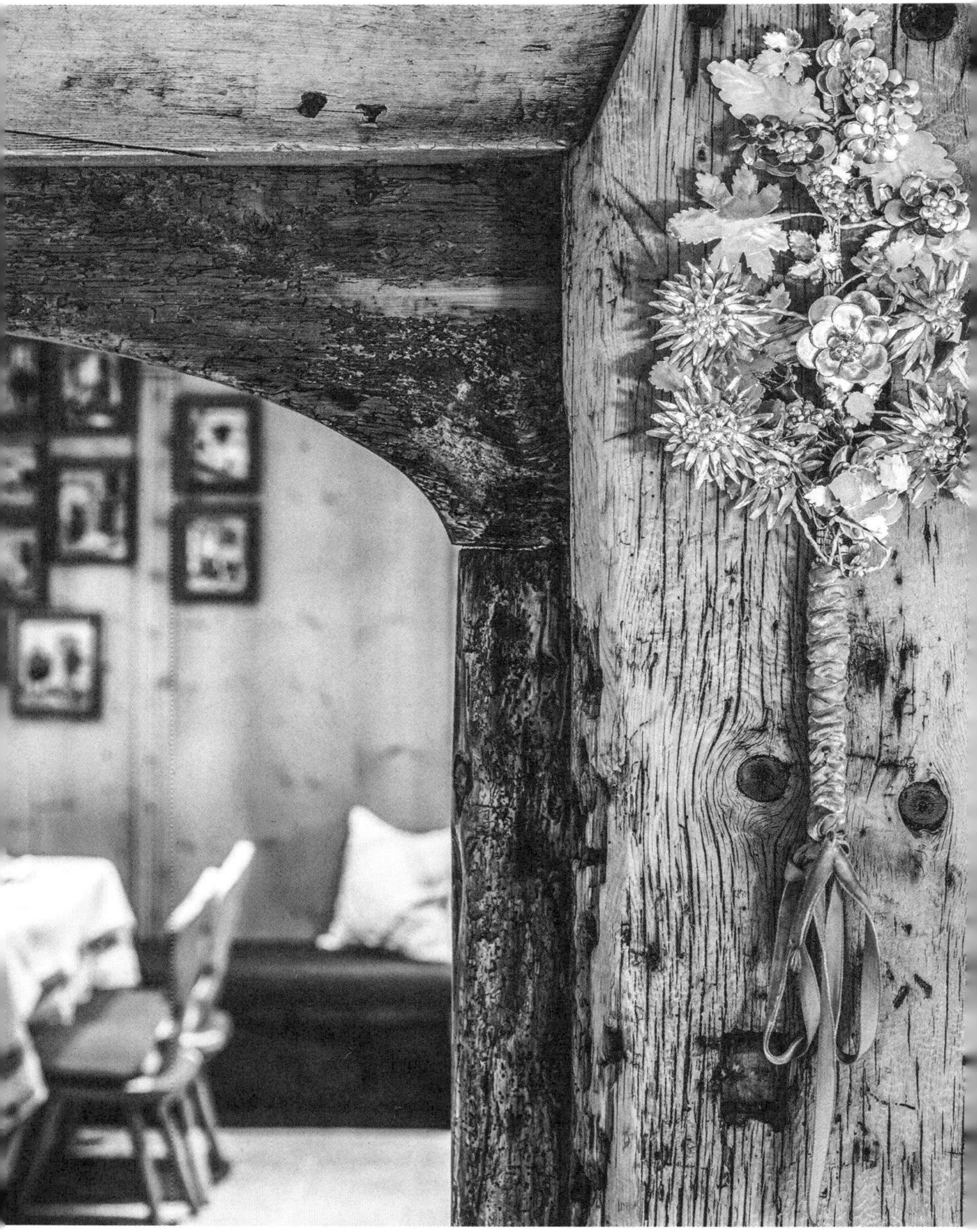

# Neue und alte Modelle
*Auswege aus dem alpinen Rummelplatz-Tourismus*

Das Nebenprodukt der Warenzirkulation,
die als Konsum betrachtete menschliche Zirkulation,
d. h. der Tourismus, lässt sich im Wesentlichen auf
die Muße zurückführen, das zu besichtigen, was
banal geworden ist.

Guy Debord

Zu Beginn des 20. Jahrhunderts fanden einige Revolutionstheoretiker, die die Klassengesellschaft abschaffen wollten, dass vor der Machteroberung die permanente Revolution stehen müsse, weil die Erringung der Macht nicht den Beginn, sondern das Endstadium der Revolution ausmache. Auch wenn wir heute wissen, welch schreckliches Ende der arme Trotzki gefunden hat, müssen wir ihm doch auch recht geben und an permanenter Erneuerung arbeiten. Keine Errungenschaft der Zivilisation ist jemals definitiv, und was sich nicht erneuert, verdirbt. Wir selbst verderben, wenn wir im Touristen nur den Konsumenten sehen. Die Gastfreundschaft ist ein Geschäft, ganz klar, aber der Gast ist deshalb noch lange keine Weihnachtsgans, die es auszunehmen gilt. Schönheit ist nicht das Resultat von romantischer Vergangenheit, und wenn wir wirklich eine Zukunft haben wollen, müssen wir sie sachverständig planen, auch in kultureller Hinsicht. Unter Kultur ist all das zu verstehen, was zum Allgemeinbesitz eines Landes oder Volkes geworden ist, was seine tiefste Sicherheit und seinen Lebensstil ausmacht. Hotelier zu sein, ist eine Mission, zu der auch die kulturelle Schulung der Mitarbeiter und Mitarbeiterinnen gehört.

In den letzten Jahrzehnten wurde in unseren Dolomitentälern nicht nur das herrschende Tourismusmodell revolutioniert (leider hat sich das durchgesetzt, was ich als „alpinen Rummelplatz-Tourismus" bezeichne). Wir mussten zugleich auch erleben, wie mitsamt unseren Traditionen, mit der bäuerlichen Kultur ein ganzes Kapitel unserer Geschichte untergegangen ist. Diese beiden Entwicklungen passen womöglich sogar sehr gut zusammen. Die Winter, so wie wir sie früher erlebt haben, wird es nicht mehr geben. Unsere Königin der Dolomiten, die vergletscherte Marmolada, schmilzt dahin wie eine Kugel Eis in der Sonne. Zwischen 1990 und heute ist das Eisvolumen ihres Gletschers um die Hälfte zurückgegangen; in wenigen Jahrzehnten wird er komplett verschwunden sein. Bestätigt wird das Phänomen von den Experten des Glaziologie-Services der Südtiroler Sektion des CAI (Club Alpino Italiano), welche die 34 Hauptgletscher unserer Region untersucht haben, von der Ortlergruppe bis hinüber zum Ahrntal. Die Bilanz ist dramatisch: Ein allgemeiner Flächen- und Volumenrückgang bestätigt die anhaltende Rückzugsphase. Das Phänomen der Gletscherschmelze begann etwa Mitte der 1980er-Jahre, nachdem es ab 1960 zu einer kurzen Phase des Eiszuwachses gekommen war. Mittlerweile hat die Gletscherschmelze zu neuen, unerwarteten Landschaftsveränderungen geführt, etwa zur Entstehung zahlreicher kleiner Schmelzwasserseen zwischen den Moränen. Stark zugenommen haben auch Erdrutsche, die durch das Tauen der Permafrostböden ausgelöst werden, in denen Stein und Erdreich zuvor wie mit Klebstoff zusammengehalten wurden. In einem Punkt ist sich die Wissenschaft einig: Der Prozess der Gletscherschmelze ist unumkehrbar. Vom ewigen Eis unserer Marmolada und den anderen Gletschern werden der Nachwelt nur ein paar Fotos bleiben, einsame Zeugen einer glorreichen Vergangenheit, die nie mehr zurückkehren wird.

Mein Vater Ernesto erzählt gerne, wie er als junger Mann drei Tage unterwegs war, wenn er auf die Marmolada wollte. Denn er ging von Corvara aus zu Fuß, die Skier auf den Schultern. Rauf auf den Campolongo-Pass, runter nach Arabba und wieder rauf zur Punta Penia auf 3.300 Meter Höhe, wo er biwakierte. Dann lange Abfahrt. Am Tag danach kehrte er auf demselben Weg und wieder zu Fuß nach Corvara zurück. Doch was ist geblieben von den Heldensagen der Skipioniere? Haben wir vergessen, dass die Menschen vor Schnee und Eis einst flohen? Können wir uns nicht mehr an die bedauernswerten, oft noch ganz jungen Soldaten erinnern, die im Ersten Weltkrieg über Monate und Jahre hinweg in den ins Eis geschlagenen Höhlen ausharren mussten? Oder daran, dass sie dort häufiger an Hunger, Kälte und Krankheit starben als durch die Kugel des Feindes? Diese eisigen Höhlen legen bis heute Zeugnis ab davon, wie unerbittlich das Gebirge sein kann. Für Aristoteles waren die Alpen übrigens die Fangarme der Eiswelten, ein Ort der Kälte und des Todes. Der Name „Alpen" entspricht dem lateinischen *Alpes*. Der römische Lexikograf Sextus Pompeius Festus bestätigt im ersten Band seines Wörterbuchs *De verborum significatu*, dass *Alpes* vom Wort *albus* (weiß) kommt, das die Sabiner *alpus* aussprachen, und dass damit das ewige Weiß der auch im Sommer verschneiten Bergketten gemeint war, das seit uralten Zeiten mit Kälte und einem schrecklichen Los assoziiert wurde. Die Berge waren aber auch ein heiliger Ort, an dem unerklärliche Dinge geschahen; sie waren Sitz von Göttern und Dämonen, Ursprung von Mythen und Sagen, sie waren Bühne für Ereignisse mit oft dramatischen Folgen – so etwa die Hexenjagden, die im 17. Jahrhundert begannen und sich über fast zwei Jahrhunderte hinzogen. Frauen wurden beschuldigt, schwarze Messen zu feiern, bei denen Satan predigte, und das Ende des Christentums zu planen. Zehntausende wurden bei lebendigem Leibe verbrannt, oft nur auf der Grundlage einer einzigen Denunziation.

Hunger, Krieg, religiöse Verfolgung und Bevölkerungswachstum brachten die Menschen aus der Ebene dann doch in die Berge. Die Jäger und Sammler wagten sich bis zur Waldgrenze, in der Hoffnung, dass das Wild herauskäme. Später trauten sich die Hirten höher hinauf, brachten ihre Herden im Sommer schon auf hoch gelegene Weiden, kehrten jedoch ins Tal zurück, bevor der Winter hart zuschlug. Die Hirten begannen dann auch in den Bergen zu bauen, kleine Ställe mit der Schlafkammer direkt darüber, um von der Körperwärme der Tiere zu profitieren. Diese Vorfahren waren es, die unter härtesten Entbehrungen und Mühen die Bergwelt etwas freundlicher gestalteten und die menschliche Präsenz dort förderten. Paradoxerweise führte dann ausgerechnet die industrielle Revolution mit der giftigen Luft in den Städten und der in ganz Europa wütenden Tuberkulose dazu, dass man an den Alpen auf einmal klimatische Eigenschaften als heilsam schätzte, vor denen die Menschen noch wenige Jahrzehnte zuvor geflohen waren. Der Tourismus begann, zu einer Form von „Evasionsutopie" zu werden: In den Bergen gab es herrliche Landschaften; Stille und Einsamkeit trugen zur Erholung bei, ganz im Gegenteil zur Stadt, aus der man nun wegwollte, in die man aber natürlich zurückkehrte, nachdem man ordentlich frische Luft getankt hatte. In die Alpen reiste man wegen der guten Luft; es wurden dort Heubäder und Milchtherapien angeboten, dazu eine Reihe weiterer medizinischer Anwendungen, die in unseren heutigen Wellness-Zentren vermutlich nicht sehr oft gebucht würden. Damals aber rühmte man die Wirkung von Kuhfladenextrakt bei Magenleiden; Kuhfladenasche sollte außerdem bei Wassersucht helfen, während bei Ohrenschmerzen zu einer Salbe aus Ochsenurin und Myrrhe geraten wurde. Nicht gerade elegant, wie der beginnende Alpintourismus für sich warb. Doch dann schlug in Meran Kaiserin Elisabeth („Sisi") von Österreich-Ungarn auf, die Aristokratie aus halb Europa begeisterte sich für Cortina, Gstaad und Garmisch-Partenkirchen – und die Symbolorte des elitären Gebirgstourismus waren geboren.

Als weltweites Startbrett für den Skitourismus fungierte die Weltausstellung von Paris im Jahr 1900. Drei Jahre später wurde in St. Moritz der erste Skiclub gegründet; es folgten die ersten Liftanlagen. Die Olympischen Winterspiele von Cortina im Jahr 1956, die gegen den Widerstand der örtlichen Bevölkerung ausgetragen und von der Regierung in Rom stark gefördert wurden, waren auslösender Impuls für die Entwicklung der Wintersportbranche, die heute allein in Italien 30 Milliarden Euro Umsatz macht. Auch die Werbung hielt Schritt: Das Logo von Urlaubsorten prangte jetzt auf Reklameplakaten, Broschüren, Bildern und Modeillustrationen. Das markierte den Übergang von der Exklusivität eines Ortes zum Allgemeingut, vom aristokratischen Ritterschlag hin zu einem rein monetären Privileg. (Unglaublich übrigens, wie sehr sich die damals veröffentlichten Bilder von der aktuellen Bilderflut auf Social Media unterscheiden.) Ski und Curling, Eislauf und Bobfahren – die sportlichen Möglichkeiten stimulierten den Hedonismus der Gäste. Um den Rest kümmerten sich gewissenlose Unternehmer. Viele Bergstationen ähneln heute eher Einkaufszentren; mancherorts hat man sie sogar noch um ein Museum zu den Gräuelgeschichten des Ersten Weltkriegs ergänzt oder, wie in der Schweiz, um eine Ausstellung zu James-Bond-Filmen. Nein, das Modell des alpinen Rummelplatz-Tourismus taugt uns wirklich nicht zur Inspiration.

Der vielleicht schädlichste Aspekt des alpinen Rummelplatz-Tourismus ist die extreme Saisonabhängigkeit. In besonders angesagten Destinationen funktioniert es heute so, dass die volle Bettenbelegung nur noch für wenige Wochen im Jahr angestrebt wird, mit dem Ergebnis, dass sich auch Verkehr, Arbeitsbelastung und Verantwortung entsprechend konzentrieren. Die Wintersaison ist heute vom Schnee-Unternehmertum abhängig, dem es gelungen ist, die Tourismuswirtschaft zu industrialisieren. Ich meine damit die Experten, die gerufen werden, um das Pistenglück von Tausenden Skifahrern auch dann zu garantieren, wenn es seit Monaten nicht geschneit hat. Ich meine die Zauberer in Sachen Kunstschnee oder, besser gesagt, in „technischer Beschneiung", wie sie es lieber hören. Künstlich erzeugter Schnee „fiel" erstmals vor 30 Jahren in den USA; riesige Maschinen waren zu seiner Herstellung erforderlich, die sehr viel Wasser und ebenso viel Strom verbrauchten. Das änderten die beiden Südtiroler Walter Rieder und Georg Eisath, die auch gleich das Problem lösten, dass die Schneekanonen nur bei sehr niedrigen Temperaturen funktionierten. Das von Rieder und Eisath gegründete Unternehmen TechnoAlpin zählt heute 700 Mitarbeiter und hat in der Saison 2019/2020 einen Umsatz von circa 250 Millionen Euro gemacht. Künstliche Beschneiung ist eine Art Versicherung für den guten Ausgang der Wintersaison, und auch Skifahrer wollen nicht mehr darauf verzichten. Dabei fühlt sich der Unterschied zwischen natürlichem und künstlichem Schnee ungefähr so an wie der zwischen Asphaltstraße und Schotterpiste. TechnoAlpin hält etwa 60 Prozent des Weltmarkts, ist in 55 Ländern und auf fünf Kontinenten präsent. Das Geschäft in Südtirol macht nur etwa drei Prozent des Gesamtumsatzes des Südtiroler Unternehmens aus, das die Beschneiungsanlagen für die Olympischen Winterspiele in Peking 2022 gebaut hat – ein Auftrag in Höhe von 15 Millionen Euro – und das bisher auch sonst ganz gut durch die Coronakrise gekommen ist. Zwar ist der Umsatz im vergangenen Jahr um 25 Prozent gefallen, sprich um 60 Millionen Euro, doch dafür haben Rieder und Eisath ihre Unternehmensaktivitäten diversifiziert, indem sie Saunen und Indoor-Snowparks gebaut haben. Und Skihallen in Indonesien und Vietnam.

Ich möchte an dieser Stelle kurz von Erich Kostner erzählen, dem Sohn des Bergsteigers Franz Kostner, einem der Pioniere des Tourismus bei uns im Gadertal und 1974 Mitbegründer von Dolomiti Superski. Im Jahr 1938 wurde in Corvara ein Schlittenlift eingeweiht, der die Skifahrer in einem großen Schlitten auf den Gipfel des Col Alt zog. Im Zweiten Weltkrieg wurde der Lift stillgelegt, so wie überhaupt der Tourismus im Tal zum Erliegen kam. Nach Kriegsende unterschrieb Kostner mutig und auch ein wenig leichtsinnig einen Vertrag über die Planung und das Baumaterial für einen neuen Lift. So kam es, dass 1946 ein Einzelsessellift den alten Schlittenlift ersetzte. Dazu wurden Holzträger in Eisenplatten verankert, die man aus den Überresten alter Weltkriegspanzer hergestellt hatte. Der Liftbau gestaltete sich als nicht unkompliziert, wie mein Vater Ernesto bestätigen kann, der Kostner bei der Montage half. Am Heiligabend des Jahres 1947 wurde der Sessellift, der die Skifahrer von Corvara hoch zum Col Alto beförderte, schließlich vom italienischen Transportministerium genehmigt und ging in Betrieb. Er war gleich höchst erfolgreich, mit dem Ergebnis, dass das Skigebiet um zusätzliche Lifte erweitert wurde. 1978 gründete Kostner den Nationalen Verband der Seilbahnbetreiber (ANEF), dem er bis 1991 als Präsident vorsaß. 2009 wurde ihm vom Präsidenten der Republik die Auszeichnung „Cavaliere del Lavoro" verliehen. Aus seinem ersten, rudimentären Einer-Sessellift war da längst eine moderne Achter-Kabinenbahn geworden. Eine dieser fantastischen, superschnellen Aufstiegshilfen, die den Skifahrer heute dazu verleiten, selbst immer rasanter die Pisten hinunterzubrettern. Kaum jemand nimmt sich beim Skifahren noch die Zeit, stehen zu bleiben und einen genussvollen Blick in die Landschaft zu werfen. Es geht nur noch darum, mit maximalem Speed die glatt präparierten Pisten abzufahren. Früher einmal mussten Skifahrer vor jeder Abfahrt noch selbst den Hang hochsteigen.

Dazu wären sie heute genauso wenig in der Lage, wie ihr hochtechnisches Equipment zu kontrollieren.

Wie aber können wir die unternehmerischen Bedürfnisse der Touristiker mit dem Wunsch nach einem verträglicheren, weniger industrialisierten Tourismus in Einklang bringen? Kann die Vollbelegung der Gästebetten allein Indikator für die Qualität in der Branche sein, die wir uns alle wünschen? Ich bezweifle das. Wir müssen einen Weg finden zwischen blinder Fortschrittsgläubigkeit und nostalgischer Verklärung der alten Zeiten. Es braucht die konstruktive Konfrontation zwischen dem, was früher einmal schön war, und dem, was uns heute hässlich vorkommt. Es braucht ein gemeinsames Nachdenken darüber, in welche Richtung wir den Alpintourismus steuern wollen. Noch gibt es genug Raum für ein neues Gleichgewicht. Wir müssen nicht unbedingt da neue Bergbahnen bauen, wo das Skigeschäft ohnehin schon glänzend läuft. Wir müssen auch keine bislang unberührten Naturlandschaften erschließen. Dafür könnten wir uns ein Beispiel am Trentiner Unternehmer Lorenzo Delladio nehmen, dem Geschäftsführer der Bergschuhmarke La Sportiva, und seinem Vorschlag zur Sanierung des Gebiets am Passo Rolle. Delladio hatte vorgeschlagen, Bergbahnen dort zurückzubauen, wo die Benutzerzahlen für eine andere Form des Tourismus sprechen – für einen naturverbundenen, einen *Slow*-Tourismus. Leider ist aus dem schönen Projekt nichts geworden, weil es, wie der Natur- und Kulturschutzverein Italia Nostra schrieb, „… das Dogma verletzt hat, auf dem ein Großteil der Trentiner Tourismusphilosophie gründet: Es gibt keinen Alpintourismus ohne Bergbahnen und Skipisten. […] Der Vorschlag, auf die Besonderheiten des Passo Rolle Rücksicht zu nehmen, erschreckt offenbar einen Teil der Tourismusunternehmer, die von dem Wunsch nach Gleichmacherei beherrscht werden, von einem

Drang zum Konformismus, der dazu führt, dass selbst dann das Massenmodell übernommen wird, wenn es auf Kosten der eigenen Vorzüge geht."

Dem Projekt von Delladio gilt mein ganzer Beifall. Ich fände es großartig, wenn es selbst in stark frequentierten Winterdestinationen möglich wäre, ganz langsam in die Höhe zu gondeln und über echte, naturbelassene Skipisten wieder abzufahren. Ich möchte Gästen die Möglichkeit geben, die Langsamkeit bewusst zu genießen. Und ich bin überzeugt, dass ein Modell möglich ist, das Tourismusoptimierung und Langsamkeit verbindet. Immer mehr Menschen ziehen die Natur der Technologie, der Hektik, den Menschenmassen vor. Möchten auf Langlaufski oder Schneeschuhen an den Füßen durch die Winterwelt ziehen, statt auf halsbrecherischen Talabfahrten Kopf und Kragen zu riskieren. Wollen bei einer Wanderung durch den verschneiten Wald den Duft der Zirbelkiefern einatmen, statt sich in Après-Ski-Hütten zu quetschen und in der allgemeinen Raserei unterzugehen. Demnächst wird im Rahmen des europäischen Wiederaufbauplans für den „Staatlichen Plan zu Aufschwung und Resilienz" (PNRR) sehr viel Geld nach Italien fließen. Doch es fehlt am Bewusstsein dafür, was unser Land jetzt wirklich braucht. Weshalb uns diese Milliarden vermutlich wieder mal auf die ganz falsche Spur bringen werden.

Wir leben vom Tourismus. Der Tourismus hat uns bekannt und wohlhabend gemacht. Er erlaubt es uns, eitel in großen SUVs durch die Täler zu brummen. Tourismus ist unser tägliches Brot. Doch wenn wir die Kontrolle über ihn verlieren, verhält er sich wie ein ausbrechendes Motorrad, wie ein Autoscooter ohne Bande. Es gibt keine Alternative: Wir müssen rechtzeitig gegensteuern, wenn wir nicht in einer Wachstumsmanie umkommen wollen, mit der unsere ohnehin schon leicht angestaubte kulturelle

Entwicklung nicht Schritt halten kann. Wir müssen uns ein für alle Mal entscheiden: Wollen wir einen wummernden Dolomiten-Funpark mit Auto- und Motorrad-Circuit rund um das Sellamassiv? Oder wollen wir Genussmomente für Wanderer, Kletterer und Radfahrerinnen? Beides gleichzeitig geht nicht. Motorradpublikum und Fahrradpublikum sind nicht kompatibel. Manchmal begegnen sich ein Radfahrer und eine Motorbikerin irgendwo zwischen einer Serpentine und einer Geraden, gucken sich einen kurzen Moment in die Augen, und es tut fast weh, wie hart hier die Welten aufeinanderprallen: „Aus dem Weg", keift wortlos der eine, „Pass auf, du Idiot", schimpft die andere. Wir können schlecht Nachhaltigkeit predigen und dann mit 100 PS in die entgegengesetzte Richtung davonröhren. Als Bewohner der Bleichen Berge sind wir fürchterlich stolz auf unsere UNESCO-Medaille. Aber wenn dann Ferraris und Lamborghinis mit 120 Sachen über das Sellajoch brettern, ist der Crash vorprogrammiert. Die einen haut es gegen die Leitplanke, und uns? Wir stoßen mit unseren eigenen Prinzipien zusammen. Motorengedröhn mag Musik sein in den Ohren von Rennsportliebhabern, doch in der Nähe eines Dolomitengipfels ist es eine Form akustischer Vergewaltigung und wirklich kaum zu ertragen.

Ich kann es kaum noch aushalten, wenn von Nachhaltigkeit geredet wird. Wir sollten uns lieber fragen, wieso die Menschen noch nicht begriffen haben, dass uns nur Radikalität weiterbringt. Radikalität im Sinne eines kulturellen Paradigmenwechsels und einer neuen Symbiose mit der Natur. Was wiederum bedeutet, dass wir die exzessiven, primitiven Formen von Tourismus sofort zurückdrängen müssen. Wie der Mensch aktuell in die nichtmenschliche Natur eingreift, ist nicht länger tragbar. Alles gerät uns maßlos, es fehlt an Zurückhaltung, Demut, Selbstbeherrschung. Wenn wir uns wirklich um Umwelt und

Natur kümmern wollen, dann reicht es nicht, hier ein bisschen zu recyceln und dort ein wenig Strom zu sparen. Diese Art von oberflächlichem Umweltschutz wird uns vor der Katastrophe nicht bewahren. Unsere Leichtfertigkeit ist eine Form von Rassismus gegenüber allen nichtmenschlichen Spezies. Was wir dagegen brauchen, ist ein engerer, bewusster Kontakt mit dem nichtmenschlichen Leben. Dieser Umgang darf ruhig gefühlsbetont und fröhlich sein. Es ist doch alles miteinander verbunden, eines hängt vom anderen ab. Trotzdem huldigen wir immer noch der archaischen Vorstellung vom Menschen als Mittelpunkt seiner Umwelt. Die aber sollten wir schleunigst ersetzen durch das Bild eines weiten, allumfassenden Raumes, in dem sämtliche Elemente unmittelbar und wechselseitig miteinander in Verbindung stehen. Wir brauchen die Umorientierung in Richtung ökologische Klugheit. Das, was die Theoretiker des Amerikanischen Transzendentalismus Ökosophie nannten. Damit gelangen wir nicht nur zu touristischer Intelligenz, sondern auch zu einem guten, schönen Leben. Und damit schließt sich der Kreis.

# Musik, ein moralisches Gesetz
*Vom Klang der Gastfreundschaft*

> Musik ist ein moralisches Gesetz, sie schenkt dem
> Universum seine Seele, den Gedanken die Flügel,
> der Vorstellung ihren Weg und Heiterkeit und Fröh-
> lichkeit dem gesamten Tun.
>
> Platon

Wenn mich etwas wahnsinnig macht, dann ist es das fehlende
Gespür für Musik in der Gastronomie, und das gilt für das ganze Land, vom Brenner bis nach Lampedusa, von der Kaffeebar
bis zum Sternerestaurant. Schlechte Musik ertrage ich nicht. Jeder von uns hat seine musikalischen Vorlieben, auch wenn die
Grenzen mit dem Älterwerden verblassen und man irgendwann
recht problemlos von einer Stilrichtung zur anderen, von einer
Epoche zur nächsten wechselt, ohne das strenge ideologische
Dogma, auf das wir Musikfans früher alle so stolz waren. Blues
oder Electro, West Coast oder Northern Soul, Glam oder Coun-
try, Punk oder Rap, Prog oder Disco, Trance oder New Wave,
Ska oder Hard Rock, Grunge oder Rockabilly, Techno oder Garage – Musik ist der Soundtrack des Lebens, einmalig vielfältig,
bevölkert von gleichermaßen skurrilen wie liebenswerten Gestalten, darunter echten Genies und Erneuerern wie Frank Zappa,
während andere vor allem grandiose Performer waren oder einfach nur Vertreter einer Generation, die jung auf die Welt kam
und jung sterben wollte. Und hier liegt das Problem: Wie vereinbaren wir den Odem der Jugend mit dem Fortschreiten des Al-
ters? In unseren Augen wird David Bowie für alle Zeiten ein
*Young American* bleiben, Keith Emerson ein *Lucky Man* und

George Martin der fünfte Beatle, der mit rückwärtslaufenden Tapes experimentierte und der Pop-Bruder von Stockhausen hätte sein können. Musik geht immer über den einzelnen Menschen hinaus; sie überträgt sich von Generation zu Generation, sie widersteht den Stürmen der Zeit. Die Enkel unserer Enkel werden zwangsläufig ganz neue Musikdimensionen für sich entdecken. Einige Bands und Interpreten von früher fehlen mir, sehr sogar, doch was soll's. „It's only rock 'n' roll", sage ich mir, „but I like it."

Vor langer Zeit hatten wir im Hotel La Perla den Club 44, einen legendären Nachtclub, und ich hätte wirklich größte Lust, diese Institution irgendwann mal zu entstauben und mit neuem Leben zu füllen. Heute gibt's gute Musik in der Bar Verde in unserem Albergo Posta Marcucci (da legen wir meine alten Vinylscheiben auf einen richtigen Plattenspieler) und im Bistrot des Hotels La Perla, dort auch live. Im Bistrot hatten wir in der Vergangenheit Musik ganz unterschiedlicher Art, wie unsere langjährigen Stammgäste wissen. Dutzende DJs haben da aufgelegt, Pianobar-Musiker aufgespielt. Heute veranstalten wir im Bistrot viele kleine, aber hochklassige Konzerte, bei denen Blues, Rock, Jazz und Funk immer wieder neue Sounds ergeben – zur großen Freude der Hausgäste, aber auch der „Laufkundschaft" von draußen, die gerne auf einen nach allen Regeln der Kunst gemixten Drink und gute Musik vorbeischaut. Auch die Mitarbeiter profitieren, denn es gibt kaum etwas Schlimmeres für eine Kellnerin oder einen Barkeeper, als sich bei der Arbeit das immer gleiche Geklimper des immer gleichen, gelangweilten Pianisten anhören zu müssen. Bei uns dagegen wechseln sich Harfenistinnen und Streichquartette ab, Sängerinnen im Pariser Chanson-Mood und Swing- und Bossa-Nova-Bands. Die Konzerte sind umsonst und finden zur Aperitifzeit und nach dem Abendessen statt. *Good vibrations* sind garantiert, auch wenn es mir immer ein bisschen leidtut, dass nur wenige Gäste wirklich aufmerksam zuhören. Mir aber geht es darum, als guter Gastgeber Schönheit zu verbreiten, und dazu gehört auch akustische Ästhetik. Ist doch viel besser als grauenvolles Karaoke oder schlechter Konservendosen-Pop, und mag der auch noch so viele Likes auf Instagram gesammelt haben.

Im Posta Marcucci gibt es ein sorgfältig ausgewähltes Wochenprogramm klassischer Musik. Auch die Musik in unserem Gourmetrestaurant folgt einer kuratierten Playlist, und diese Liste erhalten die Gäste bei Tisch zusammen mit einem kurzen Infotext zu den jeweiligen Künstlern. Das hat einen tieferen Grund: Diese Musik ist nicht als Hintergrundgedudel gedacht, sondern als Teil der Gesamterfahrung, und deshalb sollen die Gäste einbezogen werden. In anderen Hotelbereichen, wo wir Musik mehr als wohltuenden, oberflächlichen Soundteppich einsetzen – in den anderen Restaurants zum Beispiel –, gibt es zur Abendessenszeit nie gesungene Stücke. Tagsüber sind auch rockigere Klänge möglich, nie zu laut natürlich, vor allem aber mit Sachverstand ausgesucht und von guter Qualität. In den Massagekabinen im Spa haben die wellnesstypischen New-Age-Sphärenklänge Auftrittsverbot; auch hier suchen wir die Musik gewissenhaft aus und wählen zum Beispiel Brian Eno oder Tangerine Dream. Musik ist nie nur ein Detail.

Wirklich wahnsinnig macht mich (schlechte) Musik in der Natur. Das Wummern der Bässe auf den Terrassen vor den Berghütten ist ein Fluch. Vor ein paar Jahren gab es mal auf dem Kronplatz, dem großen Skiberg zwischen Pustertal und Sankt Vigil in Enneberg, auf dem immer sehr, sehr viele Skifahrer unterwegs sind, ein Konzert des italienischen Rappers und Cantautore Jovanotti. „Sie brummeln, die Leute brummeln, bring sie mit Fröhlichkeit zum Schweigen", singt er in einem seiner

Stücke. Lorenzo Cherubini, wie er im wirklichen Leben heißt, vermittelt in seinen Stücken tolle Botschaften, und er tut es mit außergewöhnlicher kommunikativer Stärke. Selbst bin ich nicht oft auf dem als „Disneymount" bekannten Kronplatz, den man besser meidet, wenn man Ruhe und Frieden schätzt. Es gibt dort oben jetzt sogar zwei Museen. Früher mal war ein Museum ein Ort, in dem man den Musen huldigte. Es wurde dort Kultur vermittelt; belesene Menschen und Wissenschaftler suchten ihn auf und erfreuten sich an Exponaten, die sich durch Historie, Seltenheit oder Großartigkeit auszeichneten. Das Messner Mountain Museum von Reinhold Messner auf dem Kronplatz aber ist einfach nur Messners 15. Achttausender. Es geht hier um Höhenrekorde, nicht um geistige Höhenflüge. Umgeben ist das Museum von der typischen Kronplatz-Infrastruktur aus Restaurants, Bergstationen, Riesenschaukel, Indianerdorf, Spiel und Spaß, Lokalen mit asiatischer Küche, einer Pizzeria und einer hässlichen Apartmentanlage. Dazu kommen das Restaurant eines Sternekochs mit großen Fensterfronten, Geschäfte, Skischulen und lange, breite, perfekt planierte Abfahrtspisten. Wie kann man die Berge auf dem Kronplatz genießen? Auf alle möglichen Arten, nur Stille bieten sie nicht. Die große Glocke, die dort oben hängt, trägt die Aufschrift „Donet deus populis pacem", „Gott möge den Völkern Frieden schenken". Aber von der Ruhe und dem Geist des Friedens ist hier schon lange nichts mehr zu spüren. Warum also, lautet die ironische Frage, sollte an einem Ort, an dem sich Massen von Menschen amüsieren, nicht ein Musiker auftreten, der von Liebe und Zusammengehörigkeit singt? „Lieder müssen nicht schön sein, sie müssen Sterne sein, müssen die Nacht erleuchten und die Leute zum Tanzen bringen", singt Jovanotti. Meiner Meinung nach sollten solche Events, wenn sie denn sein müssen, an Orten veranstaltet werden, die ohnehin schon von menschlicher Präsenz stark geprägt und vereinnahmt sind. Erhalten und beschützen wir dagegen Orte, in denen noch Stille und Frieden herrschen.

Sollte Bob Dylan in den Dolomiten auftreten, wäre wohl nicht viel Werbung nötig. Es wäre mein Traum, ein Bob-Dylan-Konzert bei uns zu organisieren. Es müsste natürlich unplugged stattfinden – wenig Elektronik, viel Poesie. Ich kann ihn mir bestens vorstellen, den Minnesänger aus Duluth am Fuße der Bleichen Berge. Ihm und anderen Musikern seines Formats zu Ehren gebe ich mir mit dem Musikprogramm im Bistrot des La Perla solche Mühe. Ich bin selbst viel gereist, war oft genug im gelobten Land unserer bevorzugten Musikrichtungen unterwegs, um die soziale Realität kennenzulernen, die den Blues, den Jazz und all ihre Nebenlinien hervorgebracht hat. Chicago, New York, New Orleans, Memphis, der Mississippi ... alles ganz unverwechselbare Orte, an denen ich als weißer Italiener gelernt habe, dass es nicht reicht, diese Klänge einfach nur nachzuspielen. Die Musiker dort sind derart fest in den Lokalen verwurzelt, in denen sie auftreten, dass man ihre Musik eigentlich nur dort spielen kann, nirgendwo sonst. Was das damals bedeutete, live aufzutreten, das kann man sich heute gar nicht mehr vorstellen. So ein Live-Lokal war ein Mekka für Fans, man lauschte schweigend, in nahezu religiöser Verzückung und mit größtem Respekt vor denen auf der Bühne. Alles drehte sich nur um die Musik. Wer da genau die Instrumente bemühte, die Stimmung, die er erzeugte – Nebensächlichkeiten. Die Läden waren wie um die Bühne herumgebaut, nicht wie heute, wo Lokalbesitzer gelangweilt ein paar Tische zur Seite schieben und zur Band sagen: „Da könnt ihr spielen." Früher waren die Betreiber von Live-Clubs von Musik absolut begeistert, sie kannten sich aus, waren bei den Konzerten immer selbst ganz vorne mit dabei. Große Musiker zu Gast zu haben, war eine Ehre, und ein Handschlag zwischen Musiker und Manager galt wie ein schriftlicher Vertrag. Von alldem sind heute nur noch vage Erinnerungen geblieben. Heute zählt nicht mehr so sehr die Musik, sondern wer sie macht – möglichst jemand Berühmtes mit vielen Followern. Vergessen ist die großartige Lektion von Duke Ellington, der wusste: „Es gibt zwei Arten von Musik. Gute Musik und die andere Art."

Für mich kann es keine Gastfreundschaft ohne gute Musik geben. Wenn die Musik nicht gut ist, schalten wir sie lieber ganz ab. Das bringt einen auch nicht um. Im Gegenteil, man lebt sogar besser damit. „Kein einziger Klang fürchtet die Stille, die ihn auslöscht. Und es gibt keine Stille, die nicht mit Klang geladen ist", sagte der amerikanische Komponist John Cage, der 1952 vor großem Publikum im Black Mountain College in North Carolina die Dimension der Stille auslotete: Exakt vier Minuten und 33 Sekunden verharrte Cage bewegungslos vor dem geschlossenen Klavier, eine Uhr in der Hand. Mit dem unter dem Namen *4'33"* weltberühmt gewordenen Stück machte er seine Entdeckung der Stille als Klangraum publik, als Raum für Zufallsgeräusche: Man hörte den Wind draußen, die Regentropfen, die aufs Dach trommelten, Menschen, die redeten und rein- und rausgingen. Stille unterstreicht und verstärkt Umgebungsgeräusche, bringt sie zum Vibrieren, schafft spannende Momente der Erwartung, die problemlos Worte ersetzen können. Mit überraschenden Ergebnissen. Haben Sie jemals ausprobiert, einen ganzen Tag lang nicht zu sprechen, das Handy ausgeschaltet zu lassen und nur der Natur zu lauschen? Allein in Europa leiden ungefähr 100 Millionen Menschen aufgrund von Lärmbelästigung an gesundheitlichen Problemen. Mindestens 20 Millionen Menschen haben Schlafprobleme und andere vom Lärm hervorgerufene Krankheiten. Die Dimension der Stille hingegen ist schön. Schlechte Gedanken verflüchtigen sich wie von selbst, machen Platz für Ruhe und Frieden. Selbst habe ich das Schweigen über Jahre hinweg praktiziert. Jede Woche habe ich einen ganzen Tag lang nicht gesprochen. Ich habe nicht nur beim Wandern durch die Wälder von Corvara geschwiegen, sondern auch sonst. Bin wortlos in die Dorfbar gegangen, um einen Espresso zu trinken, oder zu einer Berghütte hochgestiegen. Meine Bestellungen habe ich halt auf ein Stück Papier geschrieben. Nicht alle Leute haben das goutiert. Einige haben mich für verrückt erklärt, andere bemitleidet. Aber es hat sich gelohnt.

Der Stille lauschen: Im Hotel La Perla haben wir daraus sogar ein eigenes Angebot geschnürt. *Day of Silence* hieß es und umfasste zwei Tage, in denen sich alles um die (Wieder-)Entdeckung kleiner, schöner Wahrnehmungen drehte – des morgendlichen Vogelzwitscherns, des Knarzens der Holzböden, des Plätscherns von Wasser, des harzigen Dufts der Wälder, des Geschmacks von Wein oder auch des leisen Knisterns der Leinensäckchen, die bei den Entspannungsmassagen in unserem Spa zum Einsatz kommen. Stille weckt die Sinne, und das tut gut. Das Programm von *Day of Silence* begann am Samstag. Nach ihrer Ankunft im Hotel wurden den Gästen erst mal die Regeln erklärt und was alles wichtig ist für ein geglücktes Stille-Erlebnis. Es war zum Beispiel nichts erlaubt, was Lärm verursachen konnte, Handyklingeln eingeschlossen. Weder Gäste noch Hotelmitarbeiter durften sprechen. Um den Gästen diese ungewohnte Begegnung mit der Stille zu erleichtern, hatten wir Künstler engagiert, die die Wanderung zu den Pisciadù-Wasserfällen mit Gongs und tibetanischen Klangschalen begleiteten. Wir komponierten eigene Musik, indem wir würfelten – und damit eine Musik schrieben, die allein auf Zufall beruhte. Der ladinische Schriftsteller Marco Forni ließ kurze Texte auf eine Wand projizieren. Ein als Weiser verkleideter Schauspieler schrieb Gedanken und Aphorismen auf große Papierbögen und verbrannte sie dann. Wir hatten auch eine Trommel-Ausstellung organisiert, und ein Musiklehrer zeigte, wie man bestimmte Instrumente spielt. Auch Filme führten wir vor – Stummfilme, versteht sich. Die Gäste waren unmittelbar an allen Programmpunkten beteiligt, nahmen an den Performances teil, zeichneten, schrieben, musizierten. Auch lange Entspannungsmomente im Hotel-Spa gehörten dazu, wo die Gäste die wohltuenden Eigenschaften von Weintrauben und Arnika kennenlernten. Es gab Atemübungen und einen Verkostungswettbewerb: Wem es gelang, die Rebsorten der Weine zu identifizieren (und auf einem Zettel zu notieren), die zum Abendessen serviert wurden, gewann eine kostbare Flasche Sassicaia. Der „Dé dl chît", wie „Tag des Schweigens" auf Ladinisch heißt, hatte seinen ganz besonderen Reiz. So besonders, dass wir ihn später sogar in einer „Abendversion" anboten, einmal pro Woche in unserem Gourmetrestaurant La Stüa de Michil. Interessant an dem ganzen Konzept war, dass nicht nur die Gäste das Gebot der Stille beherzigten, sondern dass sich daraufhin auch die Mitarbeiter viel behutsamer bewegten. Teller wurden mit größerem Zartgefühl in die Spülmaschine geräumt, Köche gewöhnten sich an Bestellungen in Papierformat. Das Experiment lief über eine ganze Saison und war sehr erfolgreich. Wir haben trotzdem damit aufgehört. Es fühlte sich irgendwann wie eine Show an, wie etwas künstlich Inszeniertes. Und das wollten wir nicht.

Die richtige Musik am richtigen Ort zu spielen (und sonst lieber angenehme Stille zuzulassen), sollte ein grundsätzliches Gebot für alle Hoteliers und Betreiber öffentlicher Einrichtungen sein.

# Wein, Kunst und guter Kaffee
*Geschichten von Flaschen, Tassen und Menschen*

Freude an der Arbeit lässt das Werk
trefflich geraten.

Aristoteles

Der Weinkeller des Hotels La Perla ist nicht dunkel; dafür leuchten seine Weine viel zu hell. Wer hinabsteigt in unseren Weinkeller, der wird von Musik empfangen, der bekommt Geschichten von den Jahreszeiten erzählt, vom Leben. Nicht alle schätzen die unbändige Lebensfreude, die unser Weinkeller ausstrahlt. Manchen Besuchern kommt er als reine Show vor, als Wein-Disneyland. Andere finden, dass er die Kultur des Essens und Trinkens auch nicht weiter voranbringt. Dass unser Weinkeller ist, wie er ist, liegt an mir. Ich wollte ihn so, weil mir Wein Spaß macht. Ich mag Musik und ich mag Wein, also habe ich meine Fantasie spielen lassen, um beides zusammenzubringen. Was dabei herausgekommen ist, ist ausgelacht und kritisiert worden, selbst der Bischof meldete sich mit einem Brief zu Wort, weil er den Sassicaia-Tempel mit dem Kniebänkchen gotteslästerlich fand. Ich lud ihn gleich zu einem Besuch ein. Der Bischof schickte einen hochrangigen Prälaten vorbei, der im Weinkeller seinen Spaß hatte. Ihm erschloss sich der fröhlich-gesellige Charakter, wir redeten und wir tranken, und er verriet mir sogar, welchen Wein sie bei der Messe trinken. Den Bischof selbst habe ich nie bei uns gesehen.

Zusammen mit einigen Weggefährten, die ihn geliebt haben wie ich, haben wir aus unserem Weinkeller achtsam und respektvoll das gemacht, was er heute ist: unser Mahatma Wine. „Mahatma" heißt in Sanskrit „große Seele". Und genau das ist er.

Wein lebt, er hat eine Seele, er verändert sich permanent, entwickelt sich weiter, ganz wie die Menschen. Und die Musik? Die habe ich so ausgesucht, dass es für mich einfach passt. Jim Morrison leistet den großformatigen Flaschen Gesellschaft; der Gesang Südtiroler Bauern, die ihre Reben auf schwierigen Böden und unter schwierigen Klimaverhältnissen kultivieren, unterstreicht die regionalen Erzeugnisse. Spatzengezwitscher aus dem toskanischen Bolgheri erklingt im geheimnisvollen Labyrinth, das dem Sassicaia gewidmet ist und wo in einer zentralen, kleinen Krypta eine Flasche des historischen, weil ersten Jahrgangs 1968 aus der Tenuta San Guido aufbewahrt wird. Frank Zappa musiziert für unsere Auswahl an Bordeaux. Wein ist Leben, Wein ist Freude, Wein hat mir die Möglichkeit gegeben, fantastische Menschen kennenzulernen. Kostbare Zeit mit Paul Pontallier zu verbringen, der viele Jahre lang die Seele von Château Margaux war und die Inkarnation seiner eleganten, raffinierten Weine. Seine Menschlichkeit und Freundlichkeit waren ein Geschenk. Ich habe das edle Wesen von Giacomo Conterno kennenlernen dürfen, des Mannes, der mit seinem legendären Barolo Riserva Monfortino die Geschichte der piemontesischen Region Langhe erzählt. Conterno hat vor fast allen anderen erkannt, was für ein Potenzial die Langhe besitzen. Und setzte auf Qualitätsweine, während alle anderen in der Region noch schlicht ihre Trauben verkauften oder Massenware abfüllten. Und dann der Sassicaia: Mario Incisa della Rocchetta, der Erfinder dieses Spitzenweins, hat trotz feiner Gentleman-Manieren und äußerer Leichtigkeit tiefe Spuren hinterlassen. Auch in der Welt der Pferdezucht. Er war Geschäftspartner von Federico Tesio und Besitzer des berühmten Rennstalls, aus dem das Superpferd Ribot stammte. Im toskanischen San Guido, nur wenige Hunderte Meter von den Sassicaia-Weinbergen entfernt, werden noch heute die Pferde aus der Zucht Dormello Olgiata trainiert. Mario Incisa della

Rocchetta war ein echter Herr und liebte die Natur, in der er zu Hause war, aus tiefem Herzen. Sein Einsatz für den Naturschutz war landesweit bekannt; er wurde zum ersten Präsidenten des italienischen WWF ernannt. In seinem Landgut San Guido in Bolgheri steht die aus Giosuè Carduccis Gedicht bekannte Allee mit den Zypressen „grad und stattlich". Der Sassicaia ist der Vorläufer einer ganzen Reihe edler Weine, die nicht gleich von Anfang an Erfolg hatten, und er machte die italienische Weinlandschaft in der Welt bekannt. Seinen Namen verdankt er dem steinigen Terrain („sasso" heißt „Stein"). Ich erinnere mich noch an einen Hotelgast namens Signor Lucchetta, der jeden Tag zum Abendessen zwei Flaschen bestellte: einen Tignanello und einen Sassicaia. Den Tignanello zum Trinken und den Sassicaia zum Genießen. Die erste Flasche goss er hinunter, die zweite genoss er Schluck für Schluck.

Dann ist da noch Angelo Gaja, zu dem ich eine besondere Beziehung habe. Mit ihm, seiner Frau Lucia und dem Tiroler Georg Riedel, dessen Familie das funktionale Weinglas erfand und dessen Karriere ganz auf Produkten für höchsten Weingenuss aufgebaut ist, bereiste ich Kalifornien. Gaja ist eine lebende Legende in der Weinwelt; die englische Fachzeitschrift *Decanter* hat ihn zum „Man of the Year" gekürt, die amerikanischen Kollegen vom *Wine Spectator* haben ihn auf der Titelseite gebracht. Gaja hat nicht nur Weingeschichte geschrieben, er war auch Innovator, ein Mann, der über den Tellerrand hinausguckte und sich etwas traute und der es mit seinem Namen und seinen Erzeugnissen in den Olymp der internationalen Weinwelt geschafft hat. Angelo findet, dass sich Winzer der Tatsache bewusst sein müssen, „dass Winzersein oft ein Privileg ist. Es erlaubt einem, mit einem Bein in der Natur zu stehen und mit dem anderen in der Welt." Angelo und ich sprechen uns oft, schicken uns Nachrichten: „Die Weinlese fällt mit der Geburt des Weins zusammen.

Jedes Jahr kommt er auf die Welt, einer nach dem anderen. Und ich bin vom Wunsch beherrscht, ihn jedes Mal noch besser auf die Welt zu bringen", schrieb er mir. Ein Mann mit Weitsicht.

Es gibt sie, diese Männer und Frauen, die über die Alltagsprobleme hinausdenken können. Wieder andere sind nicht nur zeitlich ganz vorne dran, sie erschaffen sogar Dinge, die es zuvor nicht gegeben hat, und zeigen damit neue Möglichkeiten für universelle Schönheit auf. Ich denke da etwa an Arnold Schönberg mit seiner Zwölftonmusik, die ebenfalls in unserem Weinkeller Platz gefunden hat. Oder an die Impressionisten, die eine völlig neue Art des Malens initiierten, beeinflussten, erfanden. An die Pop-Art-Künstler – erst Rauschenberg und Johns, später Warhol und Lichtenstein –, die nicht davor zurückschreckten, sich die Hände mit Populärkultur schmutzig zu machen. Oft blieben solche Menschen zeitlebens unverstanden, niemand hörte ihnen zu. Wie der Ladiner Josef Kostner, der zusammen mit Gilbert Prousch von „Gilbert & George" als einer der größten Künstler des gesamten Alpenraums gelten kann. Niemand wollte ihn begreifen, niemand interessierte sich, als er die Gesellschaft kritisierte, *die Fremden*, die Einheimischen, den Massentourismus. Schon als junger Bursche wollte ihn niemand verstehen, als sich herauskristallisierte, dass er ein Mann der Zukunft war, ein *haereticus*. Ein *haereticus* ist in seiner ursprünglichen, altgriechischen Bedeutung ein Mensch, der eine Wahl treffen kann. Erst die Kirche änderte den Sinngehalt in die negative Bedeutung von heute um. Kostner jedenfalls, der in armen Verhältnissen aufgewachsen war und in der väterlichen Werkstatt mitgearbeitet hatte, um die große Familie ernähren zu helfen, prangerte die schnelle, brutale Entwicklung einer Gesellschaft an, die sich ganz dem Gott des Reichtums unterworfen hatte. Er vertrug sich nicht mit den Frömmlern, er kritisierte die Kirche und die vermeintlichen

Erzieher. Früher hätte man ihn auf dem Scheiterhaufen verbrannt. Kostner wurde toleriert, aber hinter Toleranz verbergen sich oft Unaufrichtigkeit und falsche Freundlichkeit, auch Ignoranz und Verachtung. Kostner selbst hingegen ist immer durch und durch ehrlich gewesen, vor allem in seinen Skulpturen und Bildern (von denen wir einige in unserer Weinstube im La Perla ausgestellt haben) und in seinen wortgewaltigen Gedichten. „Mit Verlaub, kann man hier bei Ihnen noch Grödnerisch sprechen? Wissen Sie, wir sind noch von der alten Garde. Bitte entschuldigen Sie! Aber nur noch ein paar Jahre, dann ist das alles vorbei. So lange möchte ich recht höflich bitten, mit Verlaub, Ihnen das noch auf Grödnerisch sagen zu dürfen", schrieb er Anfang der 1970er-Jahre. An der Decke unseres Konferenzraums steht folgender Satz von ihm: „Tagelang bin ich über Almen und Hochweiden gewandert, um mit den Hirten zu sprechen. Es hat mich immer schmerzlich berührt, feststellen zu müssen, wie die kostbarsten Werte, unser Heimatland und unsere alte Kultur, zerstört und der Geldgier geopfert werden."

Die Welt braucht nicht nur fertige Projekte. Sie braucht die Werke großer Künstler, die Sinn für Konkretes ebenso wie für Spirituelles haben, wie uns die fernöstlichen Philosophien lehren. Poesie, Gesang und Vorstellung lassen sich nicht vom wahren Leben trennen. Von rauer Schönheit, von Materie, die zu Vision wird, sind in unserer westlichen Welt kaum noch Spuren vorhanden. Persönlichkeiten wie der Grödner Künstler Kostner erzeugen nicht unmittelbar ein touristisches Business. Aber sie führen uns in die Zukunft, einem rundum gelebten Leben entgegen, das nicht nur aus kalter Macht und Mammon besteht, sondern aus Warmem, Kleinem, Echtem.

Kunst hat immer schon das Ziel verfolgt, das Existierende mit dem Geist von Eingebung und Kreativität zu befruchten, Gefühle und Gedanken zu wecken, Zeugnis abzulegen. Meine Hoffnung wäre, dass Kunst unsere Gesellschaft immer stärker durchdringt und es früher oder später zu einer neuen Renaissance kommt. In der der gegenwärtige Homo oeconomicus, der gerade noch wie wild Flughäfen und absurde Dolomitentunnel plant, mit Unternehmer- und Hoteliersverbänden wegen des fehlenden Schnees diskutiert und immer weiter wachsen will, in der dieser Mensch sich öffnet. In der er mal über den Tellerrand hinausschaut, für andere Meinungen empfänglich wird, vielleicht sogar den Standpunkt wechselt, seiner Fantasie freien Lauf lässt und zu neuer Inspiration findet. Ein anderer großer Mann der Weinwelt hat es vorgemacht. Die Rede ist vom Südtiroler Giorgio Grai, der die Renaissance der italienischen Weinszene mit eingeläutet hat. Ein Mann von großer Humanität, aber auch ein störrischer Querkopf. Bei all seinen eleganten Manieren und seiner stets geschliffenen, ironischen Ausdrucksweise konnte er auch von beißendem Sarkasmus sein. Auch er hat seinen Platz in unserem Weinkeller.

So wie die Weinwelt Giorgio Grai nachtrauert, so beweint die Kaffeewelt Gianni Frasi. Kennengelernt haben Gianni und ich uns vor über 20 Jahren. Und uns dann aus den Augen verloren. Ich las aber immer wieder von ihm, hörte von seinem etwas komplizierten Charakter. Ich wusste auch, dass er voller Neugier durch die ganze Welt reiste, nach Peru und Haiti, nach Amazonien und Indien. Weil er wissen wollte, wo die besten Kaffeebohnen herkamen. Ich wusste auch, dass er einer der Letzten war, die Kaffeebohnen noch direkt über der offenen Flamme rösteten. Frasis Kaffee bekam man nur in ganz bestimmten Lokalen. Doch wie gesagt, aus irgendeinem Grund waren wir einander nicht wieder begegnet. Irgendwann aber rief ich ihn an, denn ich wollte seinen Kaffee für unsere Hotels. Ich hatte keine Ahnung, dass das bei Gianni Frasi so nicht lief. Seinen Kaffee bekam bloß, wer ihn seiner Meinung nach auch verdiente. Das bedeutete: wer ihm zuhörte, wer bereit war, sich belehren zu lassen, wer tat, was Frasi sagte und zum Beispiel nur die Kaffeemaschinen verwendete, auf denen Frasi beharrte ("die einzig wahren sind die ohne Lichter und den ganzen Teufelskram, und sie müssen so modifiziert werden, wie ich es sage"), und die von Frasi gutgeheißenen Kaffeetassen. Heute kann ich sagen, dass Gianni einer der faszinierendsten Menschen war, die ich je kennengelernt habe. Nach meinem Anruf gewährte uns dieser impulsive Verfechter des aufrichtigen Glaubens an Qualitätskaffee immerhin einen Termin. Und machte uns dann ein enormes Geschenk: Er riss uns mit mit seinen Gedanken, mit seinen Ideen vom Guten und Schönen, mit seinem Wissen. Es waren großartige Stunden. Wir berauschten uns an Frasis Weisheit, an seinen Aphorismen, seinen tiefsinnigen Gedanken, der großen Weisheit, die er ans uns weitergab. Es strömte nur so aus ihm heraus. Er war ein echter Radikaler. Und am Schluss entschied der Jäger der Kaffeebohnen: Ja, er würde uns seinen Kaffee verkaufen. Zum Abschied sagte er: "Michil, du hast 18 Jahre gebraucht, um zu verstehen, was guter Kaffee ist."

# Die Zukunft der Gastfreundschaft
*Vier Eigenschaften, ein paar Beispiele und das Hotel, das ich mir wünsche*

Ohne Abweichung von der Norm
ist Fortschritt nicht möglich.

Frank Zappa

Nicht alles können wir bestimmen. Aber vieles liegt in unseren Händen. Um die Dinge im Großen oder im Kleinen gut hinzukriegen, braucht es Managerqualitäten – eigentlich müsste man von Leaderqualitäten sprechen, denn Menschen muss man führen können, nicht „managen" – und dazu zählen folgende Eigenschaften: Teamfähigkeit, das Gespür für die Qualitäten von Menschen und dafür, wie man sie fördert, gute Produktkenntnis sowie eine globale Vision des Unternehmens einschließlich der Betriebskennzahlen und der Zukunftsentwicklung.

Ein gutes Team kann nur aufbauen, wer seine Leute wirklich kennt. Wer ihre Stärken preist, statt ihre Schwächen zu betonen. Sie um Unterstützung bittet, sie andererseits aber auch selbst unterstützt. Ungesagtes kann zu Anspielungen und Verdächtigungen führen und die Beziehungen belasten. Was ausgesprochen wird, ist dagegen eine sichere Bank: Worte wirken, haben Gewicht und nachhaltigen Einfluss auf die Beziehung zum anderen. Sagt man ihm oder ihr etwas Negatives, vielleicht sogar Anklagendes, führt das zu nichts, hinterlässt nichts Gutes und kann die Beziehung schwer beeinträchtigen. Niemand ist eine Insel, niemand kann glauben, völlig isoliert leben zu können. Egal, ob ich Manager eines Aerospace-Unternehmens bin, Mentorin einer tibetanischen Gemeinde, Präsident des Eishockey-Vereins von Alleghe oder Vorsitzende des Verbands der Kaschmirziegen-Züchter – es ist meine Pflicht und Notwendigkeit, verstanden zu haben, dass sich mein Handeln auf meine Mitarbeiter, auf die ganze Teamarbeit und damit auf die Entwicklung meines Betriebs auswirkt. Erst dann werde ich meine Arbeitsweise entsprechend kalibrieren können und auftauchende Probleme als Chancen interpretieren und nicht als Blockade. Als Chancen, die sich insgesamt positiv auswirken und Turbulenzen in kreative Anregungen, in neue Qualitäten verwandeln können. Dazu braucht es Resilienz und Selbstkontrolle. Ein Problem in den Griff zu bekommen, ist nie ganz einfach, aber wenn es gelingt, führt es zu etwas Positivem. Ängstlich abzuwarten, dass es sich von allein löst, führt zu nichts. Wenn ich den Kopf in den Sand stecke, sobald sich ein Gast oder eine Mitarbeiterin wegen etwas beschwert, löse ich nichts. Besser, ich beschäftige mich sofort damit – konstruktiv, interessiert und mit den jeweils angemessenen Worten. Menschen, die unsere Arbeit missachten, treten wir aufrecht und mit Würde entgegen, höflich und respektvoll, ohne in die Falle des Stolzes zu tappen, denn verletzter Stolz ist die erste Hürde auf dem Weg zum Erfolg. Der Mensch muss vergeben können. Wenn ich etwas falsch gemacht habe, bitte ich um Verzeihung. Und wenn mir jemand Unrecht tut, vergebe ich ihm. Alles, was geschieht, ist bereits Vergangenheit. Manche Menschen träumen vom Erfolg; andere stehen früh auf und arbeiten hart daran. Entscheidend ist das gute Miteinander. Wie Michael Jordan so schön gesagt hat: Mit Talent gewinnt man das Match, mit Teamarbeit die Meisterschaft. Das ist nicht so einfach, wie es sich anhört, denn die Arbeit mit anderen Menschen kann anstrengend sein und nerven. In unserem Unternehmen sollen sich die Mitarbeiterinnen und Mitarbeiter wirklich wohlfühlen an ihrem Arbeitsplatz. Sie sollen sich entwickeln und verwirklichen können. Ein paar Beispiele? Nicolò hat als Koch angefangen; heute ist er Hoteldirektor des La Perla. Chiara, einst Sekretärin, managt das Posta Marcucci. Verena kontrollierte früher die Quittungen und ist heute unsere Finanzchefin, während Lisa, die an der Rezeption angefangen hat, zur Chefin des Bereichs Sales & Marketing aufgestiegen ist. Wenn die Mitglieder eines Teams die Möglichkeit haben, in die eigenen höheren Reihen aufzusteigen, hält das die Gruppe zusammen, macht sie stark. Ein einziges Mal haben wir uns einen Manager von außen geholt. Ein Experiment, das wir nicht wiederholen werden.

Managerqualität Nummer drei, die Kenntnis des eigenen Produkts, hört sich banal an, ist deshalb aber nicht weniger wichtig. Ich erkläre das am besten anhand eines Beispiels. Vor Kurzem war ich nach Mailand zur Luxury Hospitality Conference eingeladen, einer von Mauro Santinato organisierten großen Tagung. Santinato ist der ganz wunderbare Chef von Teamwork Hospitality, einer Beratungs- und Fortbildungsagentur für das Gastgewerbe, ein echter Guru, der eine ganze Generation von Hoteldirektoren ausgebildet hat. Die Konferenz fand in einem sehr guten Mailänder Hotel statt. Ich sollte mit Heinz Beck, der als Küchenchef im römischen Restaurant La Pergola seit 2005 drei Michelin-Sterne hält, zum Thema „Wie viel Wahrheit steckt in ‚regionalen Produkten‘?" diskutieren. Auf dem Podium erläuterte ich meine Thesen. Ich finde zum Beispiel, dass es überhaupt nichts bringt, wenn wir in Südtirol den Speck im Dorfladen kaufen, solange die Schweine, die dafür verwurstet werden, unter schrecklichen Bedingungen in Ungarn gezüchtet werden. Nach der Tagung bestellte ich einen Martini. Der Martini gehört zu den wenigen Cocktails überhaupt, die sich bis heute in ihrer Originalrezeptur gehalten haben, von ein paar oberflächlichen Moden und Barkeeper-Fantasien mal abgesehen. Er ist ein

Gedicht, wenn er „in and out" gemixt wird, wenn also mit Vermouth benetzte Eiswürfel nur kurz ins Glas kommen, um es zu kühlen, danach aber wieder entfernt werden, bevor der Gin zugegeben wird. Am besten schmeckt der Martini klassisch, also im Verhältnis von sechs Teilen Gin zu einem Teil Vermouth. Dazu eine Zitronenschale oder eine Olive. Man muss ihn eiskalt und in drei Schlucken trinken, und zwar aus dem konischen Martiniglas. Das alles klingt nach einer schlichten Angelegenheit, ist in Wirklichkeit aber ein nie versiegender Quell für wilde Geschichten, schräge Anekdoten, philosophische Grundanschauungen und endlose Diskussionen. Doch es gibt ein paar klare Regeln, und die werden mit heiligem Ernst befolgt. Für mich ist es jedes Mal eine große Freude, wenn Gäste bei uns diesen gleichermaßen ehrwürdigen wie modernen Drink an der Bar bestellen und dann darüber eine Zeit lang die Welt vergessen. Stets getreu dem Motto: „Zwei sind zu wenig, drei zu viel." Wie also ging die Geschichte mit meinem Martini in der berühmten Rooftop-Bar des noch berühmteren Mailänder Hotels aus? Die Zutaten waren gut, aber bei der Zubereitung waren drei derart unentschuldbare Fehler begangen worden, dass ich den Drink stehen gelassen habe: Erstens wurde er in einer ungekühlten Champagnerschale serviert, sodass er sich bereits erwärmt hatte, noch bevor ich das Glas heben konnte. Zweitens war er zu stark verdünnt und schmeckte verwässert. Und drittens befand sich an dem zu großen Stück Zitronenschale noch das bitter schmeckende Weiße.

Wenn wir die genannten Managerqualitäten beherzigen, dann können wir uns ganz gut vorstellen, was der Tourismus künftig für uns bereithält. Mit großer Sicherheit wird etwa die Hälfte der Reisenden, die in 50 Jahren nach Italien kommen werden, aus jungen Asiaten und Asiatinnen bestehen. Der Tourismus wird sich radikal wandeln, und wir müssen gut aufgestellt sein,

Qualität, bitte! Wer Gäste hat, muss sich um gute Musik kümmern.

um diese Ströme in die richtige Richtung zu lenken. Es werden schmerzhafte Entscheidungen getroffen werden müssen, doch in meinen Augen haben wir keine andere Wahl. Und so wird der Tourismus der Zukunft aussehen: Numerus clausus für histori-sche Stadtzentren und sensible Bereiche wie zum Beispiel die Berge. Höchstgrenzen, die nicht überschritten werden dürfen.

Der Zugang darf nicht unsozial über den Preis geregelt werden, sondern über Eintrittskontingente wie beim Wiener Neujahrskonzert (wo die Tickets verlost werden) oder auf der toskanischen Insel Montecristo. Die Dolomitenpässe müssen ein einziger großer Naturpark werden, ohne Zufahrtsmöglichkeiten für Privatautos. Gäste werden wir nach ihrem ökologischen Fußabdruck fragen, so wie wir heute nach dem digitalen Corona-Impfzertifikat fragen. Wir müssen uns auf einen Europatourismus in einem Radius von 1.000 Kilometern konzentrieren und Fernreisen mit erhöhten Umweltsteuern belegen. Finanziell unterstützt werden müssen Betriebe, die eine Gemeinwohl-Bilanz vorlegen. Das alles können wir schaffen, wenn wir strategisch klug vorgehen, mit Weitblick in die Zukunft sehen und trotz der hinlänglich bekannten Probleme endlich konkrete Schritte unternehmen. Es muss in Mobilität investiert werden, in schnelle und bequeme Züge, gerne auch in einen „Italia-Express" im Stil des Orient-Express, der die Reise selbst schon zum hochqualitativen Erlebnis macht. Im Italia-Express tränke man also keinen aus umweltschädlichen Kapseln gebrühten Kaffee im hässlichen, weißen Plastikbecher, sondern einen perfekten Espresso. Serviert von aufmerksamen Kellnern, die mit ihren Tabletts durch blitzblanke Waggons eilen, in denen die Passagiere durch ebenso blitzblanke Panoramascheiben Italiens herrliche Landschaften bestaunen. Im Italia-Express bekämen hungrige Fahrgäste bei der Fahrt durch die Romagna eine deftige Piadina serviert, einen rumgetränkten Babà vor ihrer Ankunft in Neapel und einen duftenden Speckknödel, wenn der Zug durch Südtirol gleitet. Dazu ein Glas Lagrein Dunkel. Den Cabernet Sauvignon würden wir dort lassen, wo er hingehört, in die Toskana. Und den Pinot Nero aus ähnlichen Gründen im Burgund.

Große Hotelketten, die in Italien aktiv sein wollen, werden sich an strenge Regeln halten müssen, damit das Einzigartige der italienischen Gastfreundschaft nicht globalisiert, uniformiert und verwässert wird. In unserem Land läuft es grundsätzlich auch ohne Konzerne gut; die Stärken der Nation sind seit jeher die kleinen Familienbetriebe, die genauso gefördert gehören wie das Handwerk und die Traditionsmarken. Beispielhaft für diese Form von Familienhotellerie ist das Hotel Il Pellicano auf der Halbinsel Argentario, ganz im Süden der Toskana. Der Geschäftsführer des Pellicano Michele Sambaldi hat mir einmal folgende schöne SMS geschrieben: „Neugier kann definiert werden als der gewohnheitsmäßige oder sporadische Wunsch, sich auf ungewöhnlichem Wege oder aus persönlichen Gründen über etwas klar zu werden. Aber wie gelangen wir zu dieser Klarheit? Meiner Meinung nach, indem wir uns Fragen stellen, die uns herausfordern. Dass ich nach vierzehn Jahren immer noch hier arbeite, liegt an den Fragen, die ich mir gestellt habe. Oder vielleicht eher daran, dass ich auf diese Fragen bisher noch keine Antworten gefunden habe. Ich hätte aber gerne Antworten, vor allem auf folgende Frage: Ich will wissen, ob es einen Indikator gibt, mit dem man die Rendite von Liebe und Leidenschaft messen kann, die in eine Sache investiert wird. Denn letztlich ist das Il Pellicano mit seiner mehr als 55-jährigen Geschichte nichts anderes als das – eine Liebesgeschichte. Es geht um die Liebe zwischen den Menschen, die das Hotel seinerzeit eröffnet haben, es geht um die Liebe zu einer Region, die Liebe zur Gastfreundschaft, zu den Details, zum Schönen. Es geht auch um die unternehmerische Liebe einer Familie, die ihr Hotel zu einer internationalen Stilikone gemacht hat. Was verstehen Investoren, Banken und Investmentfonds schon von der Liebe, die hier überall steckt? Die steht nicht in der Bilanz oder in irgendwelchen anderen Bewertungsformeln. Doch es gibt jemanden, der von dieser Liebe erzählen kann und was sie für ihn bedeutet hat. Und das sind die Gäste, die in all diesen Jahren im Il Pellicano ihren Italienurlaub verbracht haben. Das sind ihre Kinder, denen diese Liebe vermittelt wurde. Warum haben wir nicht längst einen Indikator gefunden, der auch Erinnerungen und Gefühle, Empfindungen einschließt? Was zählen Gefühle in der Welt der Algorithmen?"

In der Welt der Gastfreundschaft sind die schönsten Begegnungen möglich. Doch ohne Qualität geht es nicht. Nie. Ich habe ziemlich genaue Vorstellungen von meinem Traumhotel. Im Hotel, wie ich es mir wünsche, trennt keine Empfangstheke mich, den Gast, vom Rezeptionisten. Dafür wünsche ich mir ein kühles Glas Wasser zur Begrüßung, gerne auch mit etwas Zitronenschale oder Latschenkiefer aromatisiert. Beim Check-in möchte ich nichts unterschreiben müssen, sondern mich entspannt umsehen dürfen und den Beginn meines Aufenthaltes genießen. Im Hotel, wie ich es mir wünsche, gibt es Armaturen mit geringem Wasserverbrauch, der Strom kommt aus erneuerbaren Energiequellen und der Aufzug wird nur dann benutzt, wenn es gar nicht anders geht. Ich wünsche mir ein Zimmer, das zwar sämtliche Bequemlichkeiten der modernen Technik aufweist, in dem sich aber auch schlichtere Gemüter zurechtfinden, die keine Technikfreaks sind. So wie ich. Drei Lichtschalter sind ja auch völlig ausreichend: einer für indirektes Licht, ein anderer für die Gesamtbeleuchtung und ein dritter für die Nachttischlampe. Ich wünsche mir Steckdosen, die nicht unter dem Schreibtisch oder hinter dem TV-Gerät versteckt sind. Vor einigen Jahren nahmen sich meine Eltern einmal die Zeit, in jedem einzelnen Gästezimmer des Hotels La Perla zu übernachten. Weil sie wussten, dass die banalsten Unbequemlichkeiten erst ans Licht kommen, wenn man wirklich im Zimmer wohnt. Im Hotel, wie ich es mir wünsche, sehen mir die Mitarbeiter in die Augen, wenn sie mit mir sprechen. Wenn sie mir „Guten Tag" wünschen, tun sie das mit

Nachdruck, sodass es bei mir als aufrichtiger, von Herzen kommender Wunsch ankommt. Ich wünsche mir außerdem andere Gäste meines Schlags. Leute, die bewusst den frischen Blumenstrauß wahrnehmen, die fein gebügelten Leinentischdecken zu schätzen wissen, den gebohnerten Parkettboden, die polierten Antiquitäten. Für all diese ästhetischen Details, die eben so viel mehr sind als nur Details, haben wir in unseren Hotels einen eigenen Experten: Stefan Mayr ist bei uns für Schönheit verantwortlich. In die Lehre gegangen ist er bei einer Spitzenadresse: bei Anni Sparer, unserer Mutter. Stefan ist ein außerordentlich guter, feinsinniger, eleganter Mensch. Jedes Mal, wenn ich eines seiner Arrangements betrachte, beeindruckt mich die enorme Sensibilität, die darin steckt. Es gibt kein Fest, keinen besonderen Anlass, keinen Event in unseren Häusern, bei dem Stefans Können nicht gefragt wäre. Womöglich ist er sogar die gefragteste Person überhaupt bei uns. Ganz gleich, ob es für einen besonderen Gast schnell einen besonderen Serviettenring braucht, ob der Barkeeper eine James-Bond-Party plant oder Elide was für unsere Stiftung organisieren will. Ob ich die Weihnachtsfeier für das Organisationskomitee der Maratona dles Dolomites ausrichten möchte oder der Küchenchef nach speziellen Etagères für das Silvestermenü fragt. Stefan weiß Antworten, hat Ideen. Er kommt vor sechs Uhr früh zur Arbeit, in Begleitung seines Labradors Gaudí. Und er geht, wenn es längst Nacht geworden ist.

Im Hotel, wie ich es mir wünsche, nimmt man untertags einen feinen Duft wahr. Morgens dagegen muss es nach Kaffee und heißer Schokolade riechen, und ich möchte, dass entweder sorgfältig ausgewählte Hintergrundmusik durch die Räume klingt oder wohltuende Stille herrscht. Wenigstens in der Früh muss es ohne Handyklingeln gehen. Vor dem Hotel, wie ich es mir wünsche, breitet sich kein Megaparkplatz aus. Wenn ich im Hotel, wie ich es mir wünsche, einen Tee bestelle, möchte ich nicht „Mit Zitrone?" gefragt werden. Sondern: „Hätten Sie gerne einen Darjeeling oder lieber einen etwas stärkeren Assam? Oder vielleicht einen feinen Grünen Tee?" Ich möchte einem Barkeeper in makellos gebügelter Schürze und gewichsten Schuhen zuhören, wie er die Geschichte des Königs aller Drinks erzählt, des Martini, während er ihn nach allen Regeln der Kunst zubereitet: very dry, eisgekühlt, gerührt, den geeisten Glasrand mit Zitronenschale abgerieben und einer sorgfältig ausgewählten Olive darin. Nicht mehr als sechs oder sieben Zentiliter dürfen es sein. Wenn ich mich im Hotel, wie ich es mir wünsche, zu Tisch setze, ist er mit schlichten, runden, weißen Tellern gedeckt, in traditioneller Form und Farbe. Die Modeteller in Schwarz oder in Schwanenform seien den Szenerestaurants überlassen. Wenn ich mich am Frühstücksbuffet der Warmhalteplatte mit dem Rührei nähere, wünsche ich mir eine Köchin, die sagt: „Ich mache Ihnen gerne ein frisches", wie ich es einmal im Principe di Savoia in Mailand erlebt habe. Zum Rührei bekäme ich gerne eine Edelstahlgabel, weil mit Silberbesteck verzehrte Eier einen unangenehmen metallischen Geschmack im Mund hinterlassen. Im Hotel, wie ich es mir wünsche, könnte ich an den abendlichen Meetings des Maître d'hôtel mit seinen Mitarbeitern teilnehmen – und würde dort viel über Psychologie, Menschlichkeit und Disziplin lernen. Ich würde mich freuen, wenn mir das Essen zwar mit Fachkenntnis präsentiert würde, aber bitte ohne rosa Himalajasalz, das zwar unverwechselbar schmeckt, aber erst von Kindern und Frauen in schweren Säcken aus den Bergen ins Tal geschleppt und dann nach Europa verschifft werden muss, bevor es auf meinem Teller landet. Wo ich es nicht haben will. Ich will mir im Restaurant keine Lügenmärchen zum Thema kurze Produktionswege anhören, und ich möchte nicht schräg angesehen werden, wenn ich nur zwei Gänge bestelle statt des kompletten Menüs. Im Hotel, wie ich es mir wünsche, verhalten sich die Gäste rücksichtsvoll, urteilen nicht ohne Wissen und sind sich bewusst, dass Hotelmitarbeiter einen anstrengenden, schwierigen Job ausüben, der manchmal nur schwer auszuhalten ist. Im Hotel, wie ich es mir wünsche, grüßen sich die Menschen, wenn sie sich im Flur oder Treppenhaus begegnen, und ich darf mal kurz in die Küche gucken, um mich bei den Köchen für das feine Essen zu bedanken. Ich möchte in einem Hotel wohnen, in dem es im Speisesaal kein Wi-Fi gibt. Statt „Kein Problem!" als Antwort auf eine einfache Bitte (denn das wäre ja noch schöner, dass meine Bitte als Problem verstanden wird!), möchte ich viel lieber „Das mache ich sehr gerne!" hören. Im Hotel, wie ich es mir wünsche, rede ich ein paar Takte mit dem jungen Pakistaner, der einen Uni-Abschluss in Geopolitik hat und in der Küche die Teller wäscht. Auch den frisch diplomierten Hotelfachschul-Absolventen hätte ich gern kurz an meiner Seite. Einfach um ihm zu sagen: „Auf geht's, nur Mut! Wir haben den schönsten Beruf der Welt!"

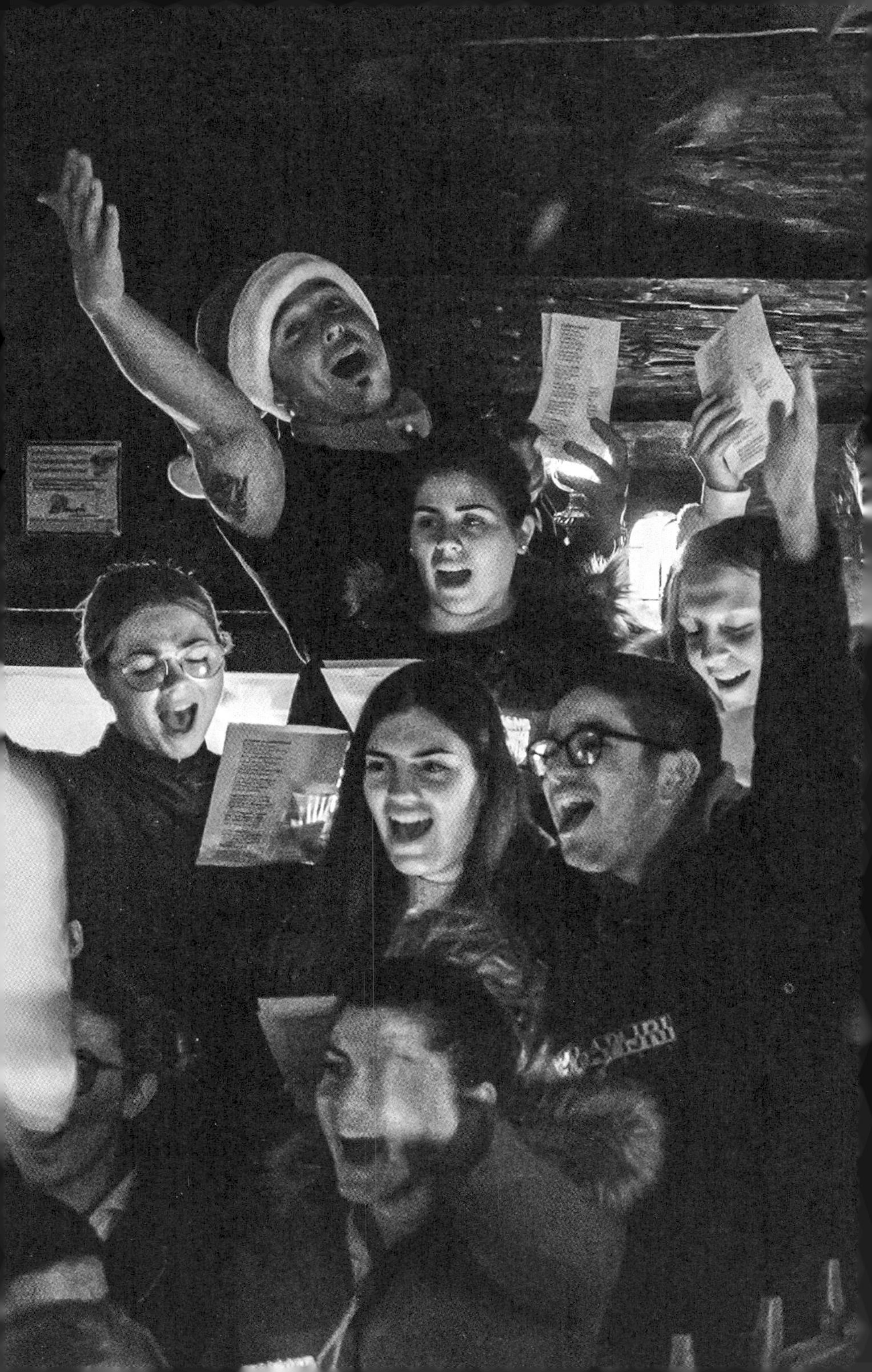

# Die Touristen
Menschliches Verhalten und Missverhalten

Wenn die Dummheit nicht dem Fortschritt,
dem Talent, der Hoffnung oder der Verbesserung
zum Verwechseln ähnlich sähe, würde niemand
dumm sein wollen.

Robert Musil

Foto S. 136–137:
Jedes Jahr zu Weihnachten singen die Hotelbelegschaft und die Mitglieder
der Familie Costa zusammen im „La Perla"-Chor.

# Sonnenanbeter
*Ein wenig mehr Sensibilität, bitte*

Folgende Szene: Ich bin zu Besuch auf der kleinen toskanischen Insel Giannutri. Der Spätnachmittagshimmel ist blitzblank, friedliche Stille herrscht. Auf der Aussichtsterrasse des Agriturismo Belvedere sitzen ein paar Leute an den Tischchen. Ich sitze ebenfalls auf der Terrasse, mache mir allerdings keine großen Illusionen: Mir ist schon klar, dass die Leute ihre Gläser leeren und weggehen werden, noch bevor der schönste, der wichtigste Moment des Tages gekommen ist. Jedenfalls ist er das für mich, und deshalb bin ich hier. Um mich schon ein wenig zu sammeln. In wenigen Minuten, wenn die sinkende Sonne den Winkel zwischen Giglio, der Nachbarinsel, und dem Meer berührt haben wird, werde ich aufstehen und Dank sagen für diesen Tag. Ich werde Helios meinen Gruß entbieten. Dem Sonnengott, der alle Dinge sieht, wie Sophokles einst anmerkte. Es ist keine Meinung, es ist eine Tatsache: Alles, was lebt auf unserer Erde, ist Frucht, Folge, Ausdruck der Zentralität der Sonne. Alles, was auf unserem Planeten existiert, verdankt seine Entstehung und sein Dasein der Sonne. Die Erde selbst und die gesamte Menschheit von heute und von morgen hängen jeden Tag vom Aufgehen der Sonne ab. „Einst war der Frevel an Gott der größte Frevel, aber Gott starb, und damit starben auch diese Frevelhaften. An der Erde zu freveln ist jetzt das Furchtbarste und die Eingeweide des Unerforschlichen höher zu achten als den Sinn der Erde!" Friedrich Nietzsche beschrieb perfekt die Verbundenheit mit dem geozentrischen Weltbild, die zu einer Art Weltreligion geworden ist. Trotzdem kann man nicht einfach – wie die in ihre Handys versunkenen Badegäste am Strand, die mir immer wieder auffallen – der Sonne den Rücken zuwenden.

Das würde bedeuten, in tiefster Nacht zu versinken. Wer es sich im Schoß der Erde gemütlich machen will, muss sich zur Sonne erheben. Es geht nicht anders. Das Licht regiert – es erzeugt die Erde, befruchtet sie und bringt sie jedes Jahr aufs Neue zur Welt. Im Mittelpunkt von allem steht die Sonne, der sichtbare Gott, wie es der weise Lehrmeister Hermes Trismegistos ausgedrückt hat.

Auf Giannutri fehlt jetzt nicht mehr viel bis zu dem von mir sehnsüchtig erwarteten Moment. Ich hatte befürchtet, dass sich außer mir keiner für den Sonnenuntergang interessieren würde, doch jetzt erheben sich die Leute tatsächlich von ihren Tischen, und das freut mich enorm. Auch ich bin aufgestanden, lächle den anderen zu, ja, wir verstehen uns! Der große Moment ist gekommen, die Sonne berührt jetzt das Festland über dem Wasser. Es ist ein gewaltiger, bedeutungsschwerer Anblick, ich sauge mich förmlich an ihm fest und muss mich beherrschen, um nicht laut loszujubeln. Die Szene erinnert mich an das Sansibar auf Sylt, ein legendäres Lokal, in dem sich die deutschen VIPs treffen. Herrlich weiße, feinkörnige Sandstrände gibt es auf Sylt und die weite Nordsee. Der Tourismus hat dem wilden Charme dieser grünen Insel mit ihren Radwegen und Dünenlandschaften kaum etwas anhaben können. Statt unter Sonnenschirmen sitzt man auf Sylt in Strandkörben, und man wohnt in gemütlichen Reetdachhäusern. Auch Neubauten müssen auf Sylt mit Reet gedeckt werden, um die Einheitlichkeit des Ortsbilds zu gewährleisten. Das dafür benötigte Schilfrohr, das wild wächst und auf Sylt früher leicht zu finden war, ist wegen des Reetdachbooms vor Ort praktisch nicht mehr zu kriegen und muss importiert werden. Wie auch immer, Sylt ist berühmt für seine schicken Lokale. Das Sansibar ist eines davon. Auch hier warten alle Gäste zusammen auf den Zeitpunkt, an dem die Sonne das Meer berührt. Wenn der Moment gekommen ist, dreht der DJ die Musik lauter, die Gäste stehen auf und versinken in den Anblick des Sonnenuntergangs. Das hat nichts mit Esoterik oder Spiritualität zu tun; man zeigt einfach seine Dankbarkeit, umarmt sich, dann werden die Gläser erhoben und alle trinken einen Schluck auf das Leben.

Während ich noch an das schöne Sylter Ritual zurückdenke, stellt sich heraus, dass ich mich leider getäuscht habe in den anderen Leuten hier auf der Terrasse von Giannutri. Denn die verabschieden sich und ziehen ab. Ohne auch nur einen Blick auf den Sonnenuntergang zu werfen. Die besondere Stimmung jetzt, der Blick auf die stillen Buchten, das herrlich transparente Meer, die wilde und raue Inselnatur, die jetzt besonders schön zum Vorschein kommt – es interessiert sie alles nicht im Geringsten. Wenigstens wird die Stille nur noch vom Geschrei der Möwen unterbrochen und nicht mehr von Geplapper. „Was haben diese paar Sonnenstrahlen schon zu bedeuten?", werden sie sich achselzuckend gefragt haben, als sie sich von mir abwandten, so wie man sich von einem seltsamen Kauz abwendet. Da vermeine ich Kohelet zu vernehmen, der mir etwas ins Ohr flüstert:

> Welchen Vorteil hat der Mensch
> von all seinem Besitz,
> für den er sich anstrengt unter der Sonne?

Wenn das Bemühen darin besteht, sich gefühlsmäßig abzuhärten, um es mal vorsichtig zu formulieren, dann erreicht der Mensch damit überhaupt nichts. Höchstens eine triste Verflachung seiner Seele. Und die führt schnurstracks in die Sackgasse der Abstumpfung.

# Wenn Touristen Ohrfeigen verteilen
*Auch der Gast hat nicht immer recht*

Keine Antwort ist immer eine Antwort,
der Karpfen wird später ein Wal,
das Kleine wird groß
und hegt das Kleine

bis zum bitteren Tod.

Cees Nooteboom

Eine Ohrfeige für unsere Berge sind die Sonntagspiloten mit ihren röhrenden Sportwägen oder Motorrädern, die glauben, dass sie den Tiger im Tank haben. Was nicht stimmt. Dafür landet ihnen durchaus mal ein armes Reh oder ein armer Hirsch auf der Motorhaube, weil das Tier es gewagt hat, die Straße zu überqueren und sich damit in dem Raum zu bewegen, den die PS-Helden für ihr Reich halten – die Bergwelt. Eine Ohrfeige für unsere Berge sind die Skifahrer, die blind ihren Skipass abfahren und die Pisten hinunterrasen, als gäbe es kein Morgen. Ich wohne am Pistenrand und kann es bezeugen: Nur ganz selten mal sehe ich, wie ein Skifahrer oder eine Skifahrerin abschwingt, stehen bleibt und den Blick in die Natur, auf die Dolomiten, in den Winter genießt. Oder bewusst anhält, um sich den Sonnenuntergang anzusehen, dieses schönste Schauspiel des ganzen Tages. Aber klar, so einen Sonnenuntergang kann man ja auch nicht einpacken und als Souvenir mit nach Hause nehmen, und mit den Kosten für den Skipass lässt er sich auch nicht verrechnen. Also wird weitergerast.

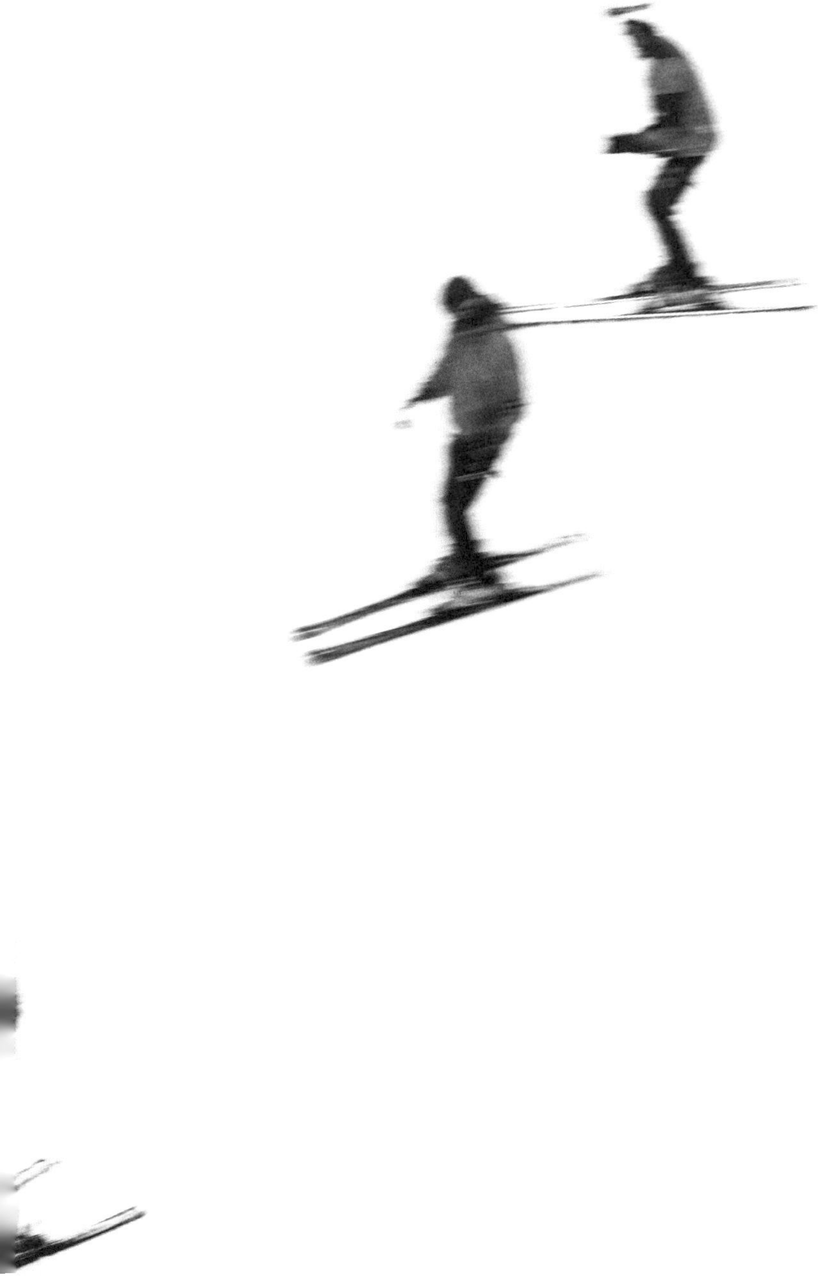

Die Wahrheit ist: Der Gast hat keineswegs immer recht. Gäste können sogar zu unerwünschten Kunden werden, zum Beispiel, wenn sie sich als Diebe erweisen, wie es am Strand von Budelli auf Sardinien geschah. Über Jahre hinweg nahmen sich die Touristen wie selbstverständlich ihre persönliche Handvoll des berühmten, zart rosafarbenen Sands mit nach Hause, wo er dann den Kaminsims schmückte. Mit dem Ergebnis, dass die „Spiaggia Rosa", der rosafarbene Strand, vom Verschwinden bedroht war – und schuld daran waren die Sommerurlauber selbst, die doch eigentlich angereist waren, um diesen Strand an Ort und Stelle zu erleben. Der Tourismus gräbt sich sein eigenes Grab, könnte man meinen, wenn man sieht, wie manche Destinationen wegen Überfüllung geschlossen werden müssen. So wie unlängst in einem isländischen Canyon geschehen, nachdem irgendein Star einen Videoclip davon veröffentlicht hatte. Ein unbekanntes Stückchen Erde, das ohne jede Schuld von den Massen totgetrampelt wird – auch das eine Ohrfeige.

Eine Ohrfeige ist der Gast, der auf einem jungen Sassicaia besteht, weil der Jahrgang 2000 ja doch bestimmt schon das Haltbarkeitsdatum überschritten habe. Und der betont, dass es in seinem Fall bitte unbedingt ein roter Sassicaia sein müsse, der weiße schmecke ihm nämlich nicht. Eine Ohrfeige ist der Gast, der auf 3.000 Meter Höhe in Flipflops unterwegs ist. Eine Ohrfeige sind Touristinnen, die bauchfrei durch Kirchen und andere heilige Stätten latschen. Zugpassagiere, die laut in ihr Handy schreien. Menschen, die zum Baden in den Canal Grande springen oder auf barocken Springbrunnen hocken und käsetriefende Pizza essen. Eine Ohrfeige sind Freizeittaucher, die sich ein Stückchen vom Korallenriff abbrechen, und Gourmets, die im Restaurant mit Kennermiene Makohai bestellen, der vom Aussterben bedroht ist. Eine Beleidigung sind Touristinnen, die überall Spuren hinterlassen, Müll in die Natur werfen, gern auch ganz unverkrampft aus dem Autofenster. Wie eine Destination dann aussieht, kann man in Albanien erleben, wo sich die Zahl der Touristen innerhalb von fünf Jahren verdoppelt hat. Auch am Mount Everest wissen sie schon lange nicht mehr, wie sie den Berg vom Müll der Bergsteigerhorden säubern sollen, die sich jedes Jahr an den Aufstieg wagen. Um nicht erst von der Zeitbombe China zu sprechen.

Seit den Anfängen des Tourismus, als die Sprösslinge europäischer Aristokratenfamilien mit der sogenannten „Grand Tour" den Schritt ins Erwachsensein feierten, sind einige Jahrhunderte vergangen. Damals war so eine Kutschenreise auf unbefestigten Straßen, wo allenthalben Banditen lauerten, noch richtig unbequem und gefährlich. Die Chance, die Welt kennenzulernen, blieb einer kleinen Minderheit vorbehalten. Spätestens mit den Low-Cost-Flügen hat sich das gründlich geändert; der Tourismus gehört heute zu den wichtigsten Branchen der Weltwirtschaft und ist ein strategisches Asset geworden. Man könnte sagen: Er ist die Ölquelle armer, mit landschaftlicher Schönheit gesegneter Länder. Da werden im Zuge einer Gentrifizierung, die Touristen bevorzugt und Einheimische bestraft, beide Augen zugedrückt. Es ist ja auch nicht leicht, einen Rennwagen in voller Fahrt abzubremsen.

Touristen müssen allerdings nicht zwangsläufig Ohrfeigen verteilen in der Welt. Sie haben die Wahl. Sie können zum Beispiel auf Reisen in Orte verzichten, die nicht mehr genug Platz haben oder Touristen nur noch in kleinen, reglementierten Mengen zulassen. Die Liste dieser Orte ist schon ziemlich lang. Sie umfasst Machu Picchu und Santorin, die Isle of Skye und die Osterinsel, Dubrovnik und Mallorca, aber auch Amsterdam und Barcelona,

"Alle hundert Jahre setzt sich ein Spatz auf den Gipfel des Sassongher, um seinen Schnabel zu wetzen. Wenn der Sassongher durch das Wetzen völlig abgetragen sein wird, hat die Ewigkeit noch nicht begonnen."

das kalifornische Big Sur, die Tempelanlage Angkor Wat in Kambodscha, Bali, die Hanoi Train Street und die Korallenriffe von Florida und Mexiko. Diese Namen habe nicht ich mir ausgedacht; sie stehen auf der vom *Fodor's Travel Guide* herausgegebenen und jedes Jahr aktualisierten *No List* sämtlicher Destinationen, die Reisende meiden sollten, um das natürliche und soziale Gleichgewicht dort nicht weiter zu belasten. Der südafrikanische Anwalt Cormac Cullinan hat vor einigen Jahren mal einen fantastischen Vorschlag gemacht: Er wollte die Rechte der Natur festschreiben. Die Natur sollte als juristische Person betrachtet werden, und entsprechend sollte eine Person bestimmt werden können, die die Interessen der Natur wahrnimmt und ihre Rechte verteidigt. Die Idee, der Natur unantastbare Rechte zuzuschreiben, deren Verletzung sanktioniert werden kann, gefällt mir außerordentlich. Man müsste deshalb die Natur nicht zwangsläufig in einen Zustand der *wilderness* zurückversetzen, in der ein Bauer nicht mal mehr seine Wiese mähen darf. Doch es würde eine gegenseitige, von Rücksicht geprägte Beziehung zwischen Mensch und Umwelt hergestellt. Persönlich würde ich sogar noch weiter gehen: Ich wäre sehr für die Einführung von Ästhetik-Gemeinderäten, die auf lokaler Ebene aktiv als Botschafter der Schönheit wirken müssten. Immer nur von der viel besungenen Green Economy zu schwafeln, reicht nämlich nicht, um die Welt vor all den Ohrfeigen in Sicherheit zu bringen, die von allen Seiten auf sie einprasseln.

Wir Hoteliers könnten einiges tun, um die Welt zu retten. Wären wir nur nicht so deppert. Die jüngste, aber vermutlich nicht letzte Ohrfeige, die wir in Südtirol gerade erleben – die einen in der Opferrolle, die anderen als Täter –, ist der sogenannte Glasturm im Naturpark Schlern-Rosengarten. Geplant ist ein siebenstöckiges „Besucherzentrum" mit Lounge, Gastronomie, Luxuszimmern, Rolltreppen, mitten in der hochalpinen Dolomitenwelt auf 2.300 Meter Höhe. Ein Projekt, das 17 Millionen Euro kosten und von der Südtiroler Landesregierung mit einem großzügigen Zuschuss an öffentlichen Geldern in Höhe von 5,82 Millionen Euro gefördert werden soll. Die Provinz soll auch die Betriebskosten übernehmen, macht 555.000 Euro pro Jahr – und das für die nächsten 35 Jahre. Die Gesamtinvestition in das Projekt betrüge also rund 25 Millionen Euro. Wie viele Naturparadiese müssen wir noch kaputt machen, bevor wir endlich begreifen, was Respekt bedeutet?
„The answer, my friend, is blowing in the wind."

# Hausgemacht

Ideen und Projekte aus
Vergangenheit,
Gegenwart und Zukunft

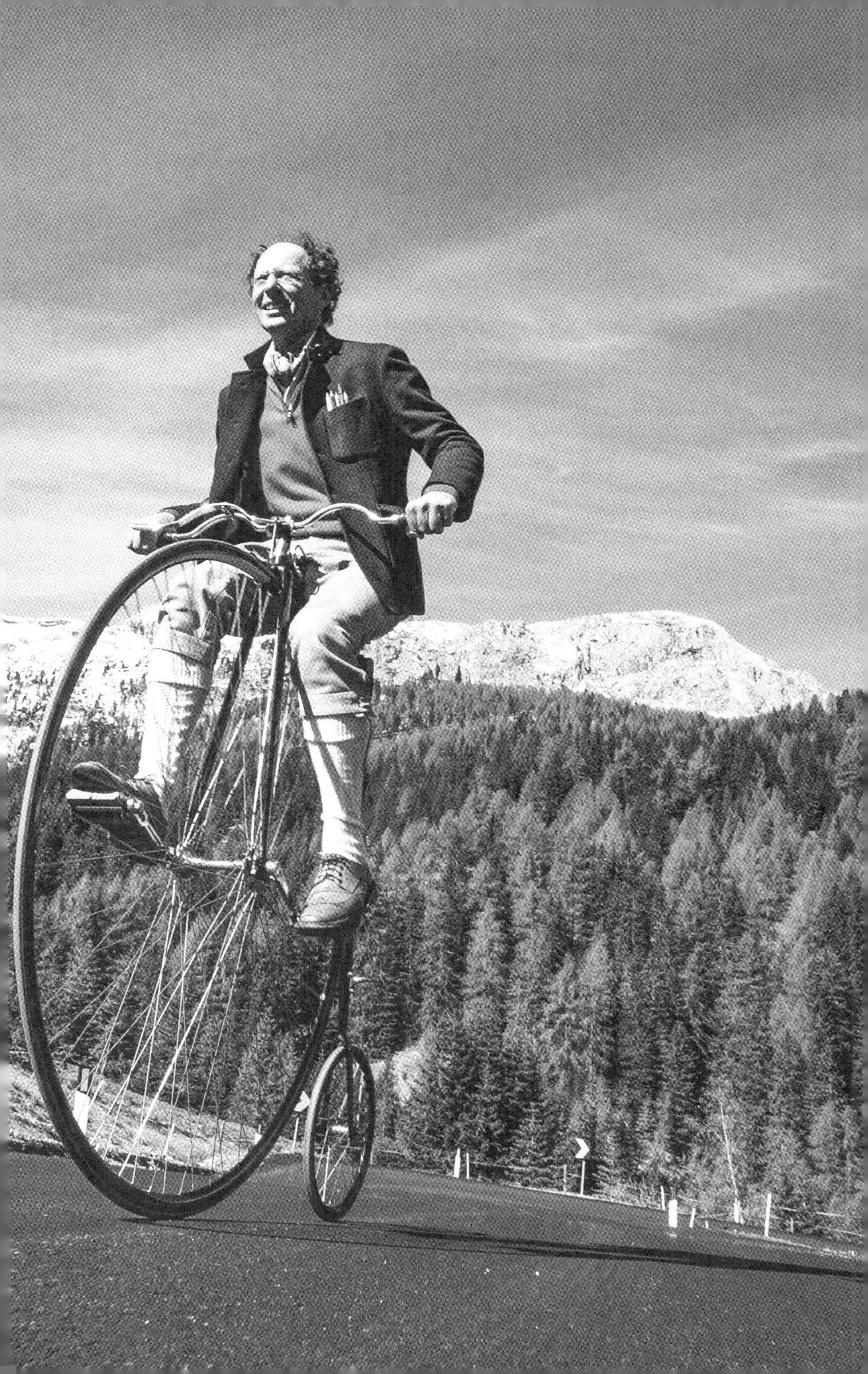

Dein Zuhause als Ort, wo du liest, kann uns nun
sagen, welchen Platz die Bücher in deinem Leben
haben: ob sie eine Schutzmauer sind, die du vor dir
errichtest, um die Außenwelt fernzuhalten, ein
Traum, in den du eintauchst wie in eine Droge, oder
ob sie womöglich Brücken sind, die du nach draußen
schlägst, hinaus in die Welt, die dich so interessiert,
dass du ihre Dimensionen mit Hilfe der Bücher
erweitern und vervielfachen willst.

Italo Calvino

# Maratona dles Dolomites
*Die Zukunft fährt Fahrrad*

Das erste Fahrrad, noch ohne Bremsen und Pedale, erfand ein Baron von Sauerbronn am 12. Juni 1817. Seither hat unser geliebtes Fahrrad einiges an Strecken zurückgelegt, das Radfahren sich zum Ausdauersport von großer Anziehungskraft entwickelt, zum Lebensstil und speziell in den Städten auch zu einer sinnvollen Alternative zur motorisierten Fortbewegung. Für italienische Städte gilt Letzteres noch nicht so richtig, weil wir in Sachen Radwege noch nicht sehr gut aufgestellt sind. Nur Südtirol macht eine gute Figur. Europaweit sind Dänemark und Deutschland die Länder mit den ausgedehntesten Radwegenetzen. Holland wiederum ist zusammen mit Deutschland das Land, in dem sich die meisten Menschen (27 Prozent) mit dem Fahrrad fortbewegen. Interessant ist aus italienischer Sicht, dass die Menschen in den nordeuropäischen Ländern auch im Winter radeln, wenn es richtig kalt wird und Eis und Schnee die Straßen bedecken. Das Fahrrad ist außerdem eine Form der Kunst, und das nicht nur in den Werken von Marcel Duchamp. Quälerei, Geschwindigkeit, Poesie – all das spielt mit hinein, wenn Fahrradfahrer heute über die Dolomitenpässe strampeln.

Mit diesen Worten zu einem Verkehrsmittel, das zwar alt ist, aber eine große Zukunft vor sich hat, möchte ich das Kapitel über das Radrennen Maratona dles Dolomites einleiten. Fangen wir von vorne an. Die Maratona dles Dolomites, der Rennradmarathon mit dem schönsten Panorama der Welt, fand erstmals im Jahr 1987 statt. Mit 166 Teilnehmern, darunter nur einer Frau. Die Strecke war 175 Kilometer lang und führte über sieben Dolomitenpässe. Anfangs hieß das Rennen Maratona delle Dolomiti, doch dann tauften wir es auf Maratona dles Dolomites um, um seinen spezifisch ladinischen Charakter zu unterstreichen. Diese Maratona hat sich – mit vielen Auf und ein paar dramatischen Ab – zu einer echten Erfolgsgeschichte entwickelt. Die schlimmsten Momente waren echte Tragödien, bei denen Menschen umkamen, die unmittelbar an der Ausrichtung des Rennens beteiligt gewesen waren. Ich muss hier besonders an den Tod eines freiwilligen Helfers denken. Diese Helfer als „Freiwillige" zu bezeichnen, wird ihrer Bedeutung übrigens nicht im Geringsten gerecht. Sie helfen nicht einfach nur bei der Organisation der Maratona mit – sie *sind* die Maratona. Sie sind ihr Erfolgsgeheimnis, ihre Kraft und Inspiration.

Dir, lieber Helferin und liebem Helfer, möchte ich daher diese Zeilen widmen. Du bist der Lenker, das Rad, die Pedale, die Gabel, der Sattel, die Speichen der Maratona, bist einfach alles, was für ein funktionierendes Fahrrad unverzichtbar ist. Du bist Gangschaltung, Rahmen, Verpflegungskontrolle, Startfeld, Anstieg, Abfahrt und Zieleinfahrt. Was wäre unsere Maratona ohne dich? Sie wäre ein Fahrrad ohne Kette, funktionsunfähig, ein Event mit vorprogrammiertem Platten, ein Rennen in die falsche Richtung, eine schlecht angelegte Kurve, in der alle aus der Bahn fliegen. Jeder weiß, dass dieser ganze große Apparat nur funktioniert, weil du, statt nur deine Pflicht zu tun, dich voll hineinhängst und dabei auch noch von Mal zu Mal besser wirst. Die Maratona-Radfahrer und -Radfahrerinnen reisen an, quälen sich auf die Pässe, haben Spaß. Sie sind die zahlenden Gäste. Der echte Teilnehmer aber, das bist du. Die Maratona ist wie eine Reise. Und die freiwilligen Helfer und Helferinnen sind unsere Reiseleiter.

Alle echten Rennradler träumen davon, einmal bei der Maratona dles Dolomites mitzufahren. Dazu drücken wir ihnen allen die Daumen! Die Nachfrage nach den Startnummern ist allerdings gewaltig, und uns als Organisationskomitee tut es leid, dass wir nicht alle Anfragen berücksichtigen können. Ein paar Zahlen zur Veranstaltung: Wir haben sechs Stunden Live-Fernsehübertragung auf Rai 3, 3.520 freiwillige Helfer mit insgesamt 23.100 Arbeitsstunden, 55.000 Übernachtungen in Südtirol in der Woche vor dem Rennen, fast drei Millionen Euro Gesamtumsatz. Die Zahlen illustrieren die enorme Bedeutung dieser so schönen Veranstaltung.

Auch wenn die meisten ihn kennen dürften, hier für alle Fälle noch einmal der Streckenverlauf der Maratona dles Dolomites – Enel: Start ist in La Villa in Alta Badia, Ziel in Corvara; dazwischen geht es durch sämtliche ladinischen Täler. Seit 2004 können die Teilnehmer der Maratona zwischen drei verschiedenen Strecken wählen, alle sind während des Rennens für den motorisierten Verkehr gesperrt. Es gibt die Variante „Maratona" mit 138 Kilometer Länge und 4.230 Meter Höhendifferenz, die „Medio" mit 106 Kilometer Länge und 3.139 Meter Höhendifferenz und die 55 Kilometer lange „Sella Ronda", bei der 1.780 Meter Höhendifferenz zu bewältigen sind. Das große Verdienst der Maratona dles Dolomites ist es, Vorläufer für die sogenannten Bike Days gewesen zu sein, Tage, an denen die Dolomitenpässe für den Auto- und Motorradverkehr gesperrt werden. Diese Tage werden heiß geliebt von Radsportlern, die dann zu Tausenden auf unseren Passstraßen unterwegs sind. Mir ist ein Rätsel, warum einige Leute den touristischen Wert solcher Veranstaltungen einfach nicht erkennen können. Mir ist auch ein Rätsel, warum manche Leute immer noch glauben, der Rückgang von Auto- und Motorradverkehr würde unserer Wirtschaft schaden. Es ist unverzeihlich, wenn einem Landesrat für Tourismus nichts Besseres einfällt, als die motorisierten Fahrzeuge auf den Pässen zu zählen, um dann vielleicht einen kümmerlichen, kleinen Radweg zu bauen, für Radtouren direkt an der Straße, in Lärm und Abgasschwaden. Das reicht nicht! Die Dolomitenpässe müssen zu bestimmten Uhrzeiten für den Individualverkehr geschlossen werden, gleichzeitig muss die Mobilität garantiert werden. Ich wiederhole das seit Jahren, seit im Jahr 2000 die erste Machbarkeitsstudie abgeschlossen wurde. Aber manchen Menschen fehlt es an Rationalität und Poesie zugleich. Unsere Maratona aber ist all das – Poesie, Traum, Vision und Liebe. Fahrradfahren ist ein Phänomen und das ganz große Zukunftsding. In Italien haben wir das in seiner ganzen Tragweite noch nicht annähernd begriffen. Aber wenn schon der poetische Aspekt des Phänomens nicht überzeugt, dann vielleicht der wirtschaftliche.

Bikeconomy nennen wir hierzulande die Branche, die rund um das Fahrrad entstanden ist und die in Europa bereits heute einen Umsatz von über 200 Milliarden Euro pro Jahr erzeugt. Neun Milliarden entfallen allein auf den Radtourismus. Was Italien betrifft, so zeigen die Zahlen des von ISNART-Unioncamere (der Handelskammer für Tourismus und Kultur) und der Umweltschutzorganisation Legambiente unlängst vorgelegten Berichts zum Thema, dass 2019 die Zahl der Übernachtungen von Radtouristen bereits bei 55 Millionen lag; das entspricht 6,1 Prozent der Gesamtankünfte. Insgesamt gaben diese Touristen – die meisten kamen aus dem Ausland – 4,7 Milliarden Euro aus. Entgegen dem herrschenden Vorurteil gibt der Radtourist nämlich sehr wohl Geld aus, und das sogar recht ordentlich: im Mittel 75 Euro pro Tag und Kopf. Auch unter diesem Aspekt steht die Region Trentino-Südtirol an oberster Stelle; hier findet fast ein Drittel des gesamten fahrradtouristischen Umsatzes statt – über eine Milliarde Euro pro Jahr. Wenn wir diesen Betrag durch unsere über 3.000 Kilometer Fahrradwege dividieren, erhalten wir ein interessantes Ergebnis: Jeder Kilometer Fahrradweg produziert einen Wirtschaftseffekt in Höhe von 338.000 Euro. Wenn dieses Verhältnis auch für die über 58.000 Kilometer gesamtitalienische Radverkehrswege gelten würde, dann hätten wir einen fünfmal höheren Umsatz als aktuell. Das sind reine Rechenspiele, doch sie zeigen das Potenzial des Fahrradtou-

Kurz vor dem Startschuss zur Maratona dles Dolomites

rismus. „Nationale und europäische Fördergelder werden eine wichtige Rolle spielen, doch zentrale Aufgabe wird sein, den Fahrradverkehr auf eigene, sichere und gut ausgeschilderte Bahnen zu lenken, nicht notwendigerweise auf Fahrrad-Highways und ähnliche aufwendige Infrastrukturmaßnahmen", unterstreicht Sebastiano Venneri von Legambiente.

Doch um die Fahrradkultur wirklich in Schwung zu bringen, ist es mit Infrastruktur allein nicht getan. Es braucht die aktive Mitwirkung aller Beteiligten, der öffentlichen Verwaltung ebenso wie der Privaten. Am besten gelingt das bisher in den Städten Padua, Brescia, Turin und Bozen. Die Fahrradstadt Ferrara, wo sich 27 Prozent der Einwohner mit dem Rad statt mit dem Auto fortbewegen, gilt sogar als italienisches Amsterdam. Schätzungen des Instituts Osservatorio Bikeconomy zufolge führt eine Investition von einer Million Euro in Radverkehrswege zu einem wirtschaftlichen Ergebnis in doppelter Höhe (Tourismus, Arbeitsplätze). Die Finsterlinge werden sich damit abfinden müssen, aber es stimmt schon: Das Fahrrad könnte den

Aufschwung richtig in Gang bringen. Auch weil sich diese Form von Tourismus nur schlecht mit dem unverträglichen *Fastfood*-ähnlichen *Fast*-Tourismus vereinbaren lässt. Mit dem Thema, wie sinnvoll eine längere Aufenthaltsdauer unserer Gäste wäre, könnten wir hier ein eigenes Kapitel füllen. Der Ingenieur Helmuth Moroder, ein großer Kenner des öffentlichen Nahverkehrs, „Vater" der Vinschgaubahn und Vize-Präsident der Alpenschutzkommission CIPRA Italien, hat ausgerechnet, dass die um nur einen einzigen Tag verlängerte Aufenthaltsdauer der Touristen den Verkehr in Südtirol um satte 20 Prozent reduzieren würde. Die durchschnittliche touristische Verweildauer ist in den letzten 30 Jahren um 31 Prozent zurückgegangen. Dieses Phänomen hat zusammen mit dem gleichzeitigen Anwachsen der Übernachtungszahlen um 44 Prozent dazu geführt, dass das Verkehrsaufkommen um 100 Prozent gestiegen ist. Europaweit – und teilweise auch in Italien – wird die Verkehrsproblematik durch Hochgeschwindigkeitszüge verbessert. Auch von Bozen aus fährt man am schnellsten, bequemsten und günstigsten mit dem Zug nach Rom. Wenn die neue Brennerlinie fertiggestellt sein wird (im Jahr 2032?), gilt das womöglich auch für die Nordrichtung: In zwei Stunden wäre man dann von Bozen aus in München, in fünf Stunden in Wien, in sechs in Berlin und in sieben in Paris. 100 Millionen potenzieller Gäste könnten dann in weniger als fünf Stunden Zugfahrzeit in Südtirol sein, vor allem junge Leute, die gar keinen Führerschein haben und sonst am liebsten mit dem Fahrrad unterwegs sind. Die einzigen Südtiroler Gebiete, die nicht ans Eisenbahnnetz angeschlossen sind, sind die mit der höchsten Tourismusdichte – die Dolomitentäler. Wie wäre es also mit ein bisschen Gehirntraining, liebe Landesräte für Tourismus und Mobilität? Möchtet ihr nicht mal das von Helmuth Moroder vorgeschlagene Projekt einer Zugverbindung zwischen Bozen und Cortina in Betracht ziehen?

# Die Costa Family Foundation
*Solidarität, eine Übung auf Dauer*

Ich glaube, der Schlüssel zu einer glücklicheren und erfolgreicheren Welt auf allen Ebenen der Gesellschaft ist die Entwicklung von mehr Mitgefühl.

Dalai Lama

Solidarität ist eines der Grundprinzipien der Gemeinwohl-Ökonomie (und auf die werde ich später noch zu sprechen kommen). Um zu erklären, was wir unter Solidarität verstehen, will ich auf ein geometrisches Beispiel zurückgreifen, auf einen Festkörper, in dem jede Oberfläche von anderen Oberflächen getragen wird. Keine Oberfläche schwebt im Leeren. Umgekehrt bedeutet das, dass das Solide, Feste in unserem Leben – die Familie, das Unternehmen, die ganze Gesellschaft – Risse bekommt oder sogar in die Brüche gehen kann, wenn wir uns nicht auch um die Menschen kümmern, die in Schwierigkeiten sind oder denen es weniger gut geht als uns selbst.

Um Solidarität zu üben und um Menschen in Schwierigkeiten zu helfen, haben wir eine Stiftung gegründet. Wie es dazu kam, möchte ich gerne erzählen. Los ging es im Jahr 1997, als ich gerade zum Präsidenten der Maratona dles Dolomites gewählt worden war. Es waren damals keine besonders guten Zeiten für das Organisationskomitee der Maratona: Das Rennen wurde noch sehr amateurhaft organisiert, die Zahlen stimmten nicht und außerdem hatte die Gesellschaft den Prozess wegen eines tödlichen Unfalls verloren und musste hohen Schadensersatz zahlen. Die Maratona lief zwar einigermaßen, aber es brauchte jetzt mal ein richtiges Management, und das schlug ich den Gesellschaftern vor. Als das neue Maratona-Projekt dann erfolgreich anlief – dazu gehörten auch die Schließung der Dolomitenpässe während des Rennens und eine Live-TV-Übertragung –, gelobte ich mir selbst, dass ich meinen Wohlstand mit Menschen teilen würde, die im Leben weniger Glück gehabt hatten als ich. Die Maratona, anfangs nicht viel mehr als ein Spielzeug, das kaputtzugehen drohte, lief mit den Jahren immer besser. Und so löste ich im Jahr 2006 mein Versprechen ein und spendete 40.000 Euro für Tibetaner, die vor der chinesischen Besatzung geflohen waren. Als Ladiner weiß ich selbst ganz gut, was es heißt, einer Sprachminderheit anzugehören. In diesen Jahren war ich auch Vorsitzender der Union Generela, eines Kulturvereins, der sämtliche ladinischen Täler rund um das Sellamassiv unter seinem Dach vereinte, Cortina d'Ampezzo eingeschlossen. Ich wusste auch, was es bedeutete, es mit einer Hegemonialpartei zu tun zu haben (in unserem Falle der Südtiroler Volkspartei/SVP), die einen nur zu schwächen versuchte. Obwohl ich selbst in erheblich besseren Verhältnissen lebe, hat mich das Schicksal anderer sprachlicher Minderheiten in der Welt immer sehr interessiert, speziell das der Tibetaner. Meine Frau Giovanna und ich reisten dann nach Nordindien, um die dorthin geflohenen Exiltibetaner kennenzulernen. In Dharamsala besuchten wir das Tibetan Children's Village, das Seine Heiligkeit der Dalai Lama gegründet hat und das von Jetsun Pema, der Schwester des Dalai Lama, geleitet wird. Hier finden Menschen ein Zuhause und eine Zukunft, die vor den Grausamkeiten des chinesischen Regimes geflohen sind. Eines Regimes, das weiterhin Minderheiten, Religionen und Kulturen unterdrückt, während sich die internationale Staatengemeinschaft in Schweigen hüllt. Nie werde ich vergessen, wie die Kinder des Dorfes einen großen Kreis bildeten, um uns zu begrüßen. Ich schloss sie sofort in mein Herz.

Aus den Dolomiten in die Welt hinaus, mit der Familienstiftung zur Unterstützung von Frauen und Kindern

Wenn diese Kinder Hilfe brauchten, konnte ich nicht tatenlos zusehen. Wir überlegten erst, eine bereits aktive gemeinnützige Organisation zu unterstützen, aber nach einigen Recherchen stellte sich heraus, dass die festen Kosten solcher Institutionen im Verhältnis zum Umsatz oft unangemessen hoch sind und außerdem selten wirklich transparent. Transparenz ist für mich als Unternehmer aber unabdingbar. Wir wollten daher lieber einen eigenen Verein auf die Beine stellen und gründeten am 19. September 2007, gewissermaßen von Gebirge zu Gebirge und von Minderheit zu Minderheit, unseren gemeinnützigen Verein Costa Family Foundation. Ziel und Zweck unserer Stiftung ist es, Minderjährigen in Entwicklungsländern zu ihrem Recht zu verhelfen. Ich wollte das von Anfang an mit maximaler Effizienz, Transparenz und Organisation handhaben. Offenheit und Klarheit sind für eine Organisation, die von den Spenden anderer Menschen und damit von deren Glauben in die Organisation abhängig ist, zuerst einmal wichtiger als Mitleid. Dennoch braucht es auch Mitgefühl. Echte Anteilnahme am Unglück der Mitmenschen. Leider ist dieses edle Gefühl oft zu schlichter Bemitleidung verkommen. Oder im besten Fall die Triebfeder zum Tugendheldentum. Echtes Mitgefühl aber bedeutet, sich dem anderen richtig zuzuwenden. Es bedeutet, ihm begegnen zu wollen, und schließt jede Form der Gegenleistung aus. Echtes Mitgefühl darf nicht als Pflicht empfunden werden, sondern als Aufgabe. Platon sagte – und die Stoiker waren ganz seiner Meinung –, dass Mitgefühl nichts für Schwächlinge sei. Dass es die Fähigkeit zur Pflege und Betreuung voraussetze und eine Übung in Gegenwärtigkeit sei. Auch uns selbst gegenüber.

Giovanna und ich haben mit kleinen Sensibilisierungsaktionen angefangen, haben Freunde und Verwandte zu Wohltätigkeitsabenden eingeladen und von unseren Erlebnissen in Indien erzählt. Mit den ersten Spenden finanzierten wir im schon erwähnten Kinderdorf von Dharamsala den Bau eines Hauses, House 13 genannt, in dem tibetanische Waisenkinder eine Heimat finden. Peu à peu machten wir mit dem Geldsammeln weiter, vergrößerten das Netz der Spender und Spenderinnen und sensibilisierten sie für das Thema Solidarität und seine Bedeutung. Wir motivierten sie dazu, die gemütliche „Blase" des Vertrauten zu verlassen, sich aus der Komfortzone zu wagen, den Blick nach draußen zu richten. Unsere Community, wie wir sie nennen, ist mit den Jahren gewachsen, größer und stärker geworden. Und damit auch der Wunsch, die Ziele zu verwirklichen, die wir uns 2007 gesetzt hatten.

2011 übergab meine Frau Giovanna die Leitung der Stiftung an Elide Mussner Pizzinini. Mit Elide haben wir 2012 unseren Aktionsradius erweitert – vorerst nach Uganda. Dort begannen wir die Zusammenarbeit mit der italienischen Hilfsorganisation „Insieme si può in Africa", um Projekte in den Bereichen Umwelt- und landwirtschaftliche Bildung zu fördern. Hier geht es vor allem um Gemüseanbau und Systeme für die Trinkwasserspeicherung. Besonders wichtig waren die Synergien mit dem lokalen Schulsystem, weil ihm für die Ausbildung der nächsten Generationen spezielle Bedeutung zukommt. Nach Uganda drehte sich das Karussell unserer Hilfsaktionen immer weiter – und ist bis heute nicht zum Stillstand gekommen. So sind wir auch in Togo aktiv, wo wir mit Schwester Patrizia und Schwester Maristella zusammenarbeiten, zwei großartigen Frauen mit unglaublicher Willenskraft und praktischem Geschick. Die beiden kümmern sich mit enormem Einsatz um das Dorf Amakpapè, organisieren die Medikamentenverteilung, leisten medizinische und soziale Hilfestellung und haben eine Schule für 300 Kinder gebaut. All das an einem Ort, an dem zuvor nichts als dürre, staubige afrikanische Erde war. 2014 haben wir ein weiteres gepeinigtes Land ins Auge gefasst, ein Land, das erst jüngst wieder ins Zentrum der geopolitischen Aktivitäten geraten ist: Afghanistan. Gemeinsam mit den italienischen Hilfsorganisationen „Insieme si può" aus Belluno und CISDA (Italienisches Komitee für die Solidarität mit afghanischen Frauen) haben wir die Finanzierung eines Mikrokredit-Projekts initiiert, um Frauen zu fördern, die ihre Familie versorgen müssen. Auf Empfehlung einer Spenderin und in Zusammenarbeit mit den Frauen der RAWA (Revolutionäre Vereinigung der Frauen Afghanistans) startete 2017 außerdem das Pilotprojekt eines rein frauengeführten Safranfelds am Stadtrand von Herat im Südwesten des Landes. Afghanistan hat sich zu einem wichtigen Feld für unsere Stiftung entwickelt: wegen der praktischen und logistischen Schwierigkeiten, mit denen wir dort zu kämpfen haben, wegen der fürchterlichen Grausamkeiten und der Zerstörung von Persönlichkeitsrechten, von denen uns berichtet wurde, wegen der Freundschaften, die wir dort schließen konnten, sowie – das muss ich jetzt einfach auch mal sagen – wegen der kleinen und großen Erfolgserlebnisse, die wir beim Unterstützen dieser großartigen Frauen bisher hatten. Seit 2019 fördern wir außerdem ein Hilfsprojekt für obdachlose Mädchen in Soddo in Äthiopien. Hier arbeiten wir mit Lucia und Martino Montanarini zusammen, die wie wir voller Optimismus daran glauben, dass eine andere, bessere Welt möglich ist. Die jungen äthiopischen Frauen werden mit viel Einfühlungsvermögen und großer Geduld in ein neues, würdevolles Leben begleitet und in diesem schwierigen Prozess, in dem sie neuen Respekt für sich selbst und für andere zu entwickeln lernen, nicht alleingelassen.

Neben diesen laufenden Projekten fördern wir mit unserer Stiftung auch kleinere Aktionen, wobei das Ziel immer dasselbe ist: Wir wollen denen eine Stimme geben, die keine haben: Kindern, Frauen, Menschen, die geografisch vielleicht weit weg sind, in Wirklichkeit aber nahe an uns dran. Für die Finanzierung der Aktivitäten unseres gemeinnützigen Vereins versuchen wir auch die Gäste unserer Hotels zu gewinnen, und das ist ein echter Balanceakt, denn wir können und wollen uns nicht aufdrängen. Ein gutes Beispiel für unsere Politik in dieser Hinsicht ist die permanente Fotoausstellung im Hotel La Perla, die jederzeit besichtigt werden kann (aber nicht muss!). Große Fotografien zeigen eindrucksvoll und zugleich unaufdringlich die Aktivitäten der Stiftung und wie wichtig solidarisches Handeln für uns ist. Wer mehr als 500 Euro gespendet hat, wird an der Ausstellungswand mit einem Holztropfen verewigt, in den sein Name eingeprägt ist. Geld sammeln wir auch, indem wir für bestimmte Gerichte auf der Speisekarte, für manche Weine und Getränke und auch einige Spa-Anwendungen etwas mehr Geld verlangen.

Immer wenn auf diese Weise wieder 500 Euro zusammengekommen sind, lassen wir ein Holzstückchen auf den kleinen Haufen fallen, sichtbares Zeichen für die Spenden, die hereinkommen. Natürlich bringen nicht alle Gäste die notwendige Sensibilität für das Thema mit. Umgekehrt hatten wir aber auch schon Gäste, die sehr, sehr hohe Beträge gespendet haben, ohne erwähnt oder auch nur über die Aktivitäten der Stiftung informiert werden zu wollen. Wir freuen uns dann und sagen einfach nur sehr herzlich Danke.

Seit der Gründung unserer Stiftung im Jahr 2007 haben wir mit über einer Million Euro Projekte in sieben Ländern der Welt finanziert. Das hat Freude gebracht, viel Lächeln und vor allem den Mut, hoffnungs- und vertrauensvoll nach vorne zu blicken. Und es ist nur ein Anfang. Denn wir machen weiter, dank der großartigen Gemeinschaft, die sich um uns und die Stiftung herum gebildet hat. Auch uns selbst tun wir damit einen Gefallen, denn sich um andere zu kümmern, bedeutet, die eigenen Alltagsprobleme zu relativieren. Da ärgere ich mich, wenn die Spaghetti für den Gast nicht perfekt „al dente" sind. Aber der Ärger verfliegt ganz schnell, wenn ich an die afghanischen Frauen denke, die unter dem brutalen Taliban-Regime leiden. Wir sitzen alle im selben Boot. Was heute irgendwo weit weg geschieht, kann morgen bei uns passieren. Und Solidarität bedeutet genau das: zusammenzuleben, Mitgefühl zu empfinden, an den Problemen der anderen teilzuhaben. Die Schwierigkeiten unserer Mitmenschen zu den unseren zu machen und das Glück, das uns vergönnt ist, mit denen zu teilen, die weniger davon bekommen haben.

# Die Mitarbeiter und Mitarbeiterinnen
*Unser kostbarstes Gut*

> Mit dem Mythos des BIP, das aus irgendwelchen
> Gründen immer weiter wachsen soll, haben wir das
> Gefühl für die Grenzen und jede Logik verloren.
> Meinem Enkel werde ich einen Zettel hinterlassen:
> Ich werde ihn um Vergebung dafür bitten, ihm keine
> bessere Welt hinterlassen zu haben.

Andrea Zanzotto

PR beginnt zu Hause, das wusste schon in den 1950er-Jahren
Edward L. Bernays, der Vater der modernen Public Relations.
Womit er offensichtlich recht hatte. Der Außenwelt können wir
nur das kommunizieren, was wir in unserem Unternehmen auch
wirklich tun. Ich denke dabei vor allem an unsere Mitarbeiterinnen und Mitarbeiter. Ein Mitarbeiter, der gut informiert ist, fühlt
sich eher integriert, als Teil des Ganzen. Mitarbeiterinnen sind
die ehrlichsten Kommunikatoren eines Unternehmens. Wenn sie
sich in ihrem Job wohlfühlen, machen sie die beste Werbung für
ihren Arbeitgeber – im Unternehmen selbst, aber auch in der
Außenwelt. Fühlen sie sich dagegen unwohl, dann wenden sie
dem Unternehmen den Rücken zu, fühlen sich nicht zugehörig.
Im Umgang mit unseren Angestellten sind Arbeitsorganisation,
gesundheitliches Wohlbefinden sowie Fort- und Weiterbildung
wichtige Faktoren. Besonders wichtig ist die Kommunikation,
speziell für die jüngeren Generationen, die nachdrücklich auf
Transparenz und Interaktion mit der Unternehmensführung bestehen. Daher glaube ich, dass der Prozess, den wir in unseren
Hotels gestartet haben, in die richtige Richtung führt. Unsere

Abteilung Human Resources, die von meiner Frau Giovanna geleitet wird, betreut zusammen mit den Leitern der einzelnen Bereichen unsere Mitarbeiter in ihrer beruflichen Entwicklung, steht ihnen stets zur Seite und berücksichtigt ihre Fähigkeiten. Dabei achten wir besonders auf den Austausch zwischen den einzelnen Abteilungen einerseits sowie zwischen den unterschiedlichen Hierarchieebenen des Organigramms andererseits.

Die lange Pandemie hat uns Hoteliers große Reformen aufgenötigt und uns dazu gezwungen, noch genauer zu rechnen als bisher schon. Vor allem hat sie uns gelehrt, dass das Warum wichtiger ist als das Was. Es ist nicht so wichtig, was wir tun, sondern warum wir es tun. Dieses Bewusstsein hilft uns dabei, uns in einer Zukunft zu orientieren, in der noch mehr Schatten als Licht herrscht. Deshalb sprechen wir auch lieber von Human Relations statt von Human Resources. Von Mitarbeitern und Mitarbeiterinnen statt von Angestellten. Von Sensibilität statt von Verantwortung. Die Ausbildung bei uns im Hause mag manchen Kollegen seltsam vorkommen. Sie baut nicht so sehr auf dem Pflichtansatz als auf der Vermittlung von Werten auf. Werte sind etwas Dauerhaftes; sie bleiben erhalten, auch wenn ein Mitarbeiter irgendwann in der Zukunft für ein anderes Hotel arbeitet. Gute Manieren etwa sind für uns etwas Wertvolles. Unseren jungen Mitarbeiterinnen und Mitarbeitern bringen wir bei, dass man das Messer nicht in den Mund steckt, dass man den Ellenbogen bei Tisch nicht aufstützt und sich den Mund abwischt, bevor man das Glas zum Munde führt. Oder dass man bei einer gemeinsamen Mahlzeit erst zu essen beginnt, wenn es der Ehrengast beziehungsweise die Dame des Hauses tut. Die Dame des Hauses greift zum Besteck, sobald sie sichergestellt hat, dass alle Anwesenden richtig sitzen und mit allem versorgt sind. Wir bringen dem Team auch bei, dass es nicht die feine Art ist, „Guten Appetit" zu sagen. Einen „guten Appetit" wünschten einst die Herren ihren Dienern bei den seltenen Gelegenheiten, an denen sie diese an einem Bankett teilhaben ließen – ein Wunsch, der letztlich auch nur die Niedrigkeit und Armut des Personals betonte. Laut Knigge ist es auch nicht in Ordnung, mit „Angenehm" zu antworten, wenn sich jemand vorstellt. „Angenehm" ist nur am Ende des Kennenlernprozesses erlaubt. Vorher kann man ja nicht wissen, ob das Kennenlernen tatsächlich angenehm gewesen sein wird. Die Vermittlung solchen Mini-Wissens dient bei uns auch dazu, dass sich alle als Teil unserer Familie fühlen. Wobei wir natürlich hoffen, dass der Mitarbeiter-Nachwuchs sein neu erworbenes Wissen auch im Privatleben einsetzt. Wir erklären unseren Leuten auch, dass ein auf Facebook gepostetes Selfie mit einem Promi höchstens die Zahl der Follower erhöht, nicht aber die Beziehungen selbst verbessert.

Auch das achtsame Management von Ressourcen und Abfällen ist ein Wert für uns. Ökologische Nachhaltigkeit (auch wenn wir darin im Hotel immer noch nicht richtig gut sind) ist ein Wert. Freundlichkeit, Lächeln, gute Laune sind Werte für uns. Ordentlich getragene Jacken, Westen und Krawatten ebenso. Hohe Aufmerksamkeit anderen Menschen gegenüber – ganz gleich, ob Kolleginnen oder Gästen – ist ein Wert für uns. Vor jeder Wintersaison machen unsere Mitarbeiter eine spezielle Hotelführung mit. Ziel ist, dass danach alle ganz genau wissen, wie alles funktioniert im Haus. Es geht von der Küche ins Spa, von den Restaurants in die Zimmer, vom Weinkeller in die Garage – jedes Detail wird ausführlich erklärt. Denn nur wenn jeder Mitarbeiter, jede Mitarbeiterin exakt Bescheid weiß, wie das Haus funktioniert, können Missverständnisse zwischen den Mitarbeitern untereinander sowie zwischen Mitarbeitern und Gästen vermieden werden. Nur so fühlen sich die Mitarbeiterinnen als Teil eines gemeinsamen Projekts, als fähig und verantwortlich, als Protagonisten einer professionellen Rundum-Erfahrung. Unsere Hoffnung, ja unsere Überzeugung ist es, dass die bei uns praktizierte Arbeitskultur die Entwicklung und Fortbildung jedes Mitarbeiters dauerhaft fördern möge. Dass Gastfreundschaft, die den Menschen ins Zentrum allen Handels rückt (denn so verstehen wir sie), auch auf Dauer jedermanns Hauptanliegen sei. Zweimal im Jahr veranstalten wir übrigens mit allen Abteilungsleiterinnen und -leitern ein Treffen an einem schönen Ort irgendwo in Italien. Wir sprechen über Ideen, Aufgaben, Freuden, Unzufriedenheiten und Ziele. Vielleicht interessant: Wir gehen nicht ins Hotel. Wir mieten ein Haus, wo wir alle zusammen reden, diskutieren, kochen, essen und spielen. Und beschließen, wie es weitergehen soll.

Ein Gefühl radikaler Veränderung hatten wir, als wir mal kurz die Jobs tauschten. Einer unserer Abteilungsleiter hatte die fantastische Idee gehabt, dass jeder aus dem Team mal in einem ganz anderen Bereich als seinem eigentlichen Aufgabenfeld arbeiten sollte. Viele wollten mitmachen bei dieser besonderen Fortbildung. Es hat Spaß gemacht zu sehen, wie der für die Hauptgerichte zuständige Chef de Partie Koffer schleppte, wie sich der Hausmeister in der Pâtisserie bemühte und sich das Zimmermädchen am Computer mit den Buchungen beschäftigte. Ich selbst habe mit unserer Hausdame Spomenka zusammengearbeitet. Ich habe Betten gemacht, Matratzen gelüftet, Badezimmer geputzt, bin mit dem Staubsauger über die Flure gezogen. Mir ist klar geworden, wie extrem anstrengend diese Arbeit ist und dass es nicht in Ordnung ist, dass Frauen sie tun müssen. Ich habe außerdem begriffen, dass wir auch unseren Gästen beibringen müssten, ihr Zimmer ordentlich zu hinterlassen. Nicht nur bei der Abreise, sondern jeden Morgen. Aus Respekt für die Zimmermädchen, die mit der intimsten Privatsphäre des Gastes in Berührung kommen. Ich kann Ihnen versichern, dass unsere Mitarbeiterinnen die Dinge wesentlich sorgfältiger behandeln, als gewisse Kunden das tun. Kunden nenne ich sie, weil sie sich nicht wie Gäste benehmen. Sondern wie Menschen, die glauben, dass Geld jede Freiheit erkaufen kann.

Mindestens einmal pro Jahr führen wir bei allen Mitarbeitern anonyme Befragungen durch. Wir stellen sehr konkrete, tiefgehende Fragen. Die Antworten darauf veröffentlichen wir für alle einsehbar am Schwarzen Brett der Mitarbeiter und Mitarbeiterinnen, sodass jeder sie lesen kann. Wir tun das, weil wir uns zur Debatte stellen wollen, weil wir besser verstehen möchten, welche Dinge gut funktionieren und welche weniger gut. Die Tourismusbranche und speziell der Gastrosektor haben sich in der Nach-Corona-Phase als extrem verletzlich erwiesen. Auch bei uns haben sich viele Mitarbeiterinnen und Mitarbeiter gezwungen gesehen, in andere Berufe überzuwechseln, die vielleicht finanziell weniger lohnend sind, dafür aber als krisensicher gelten. Dieses enorme, sehr konkrete Problem des Verlusts an Mitarbeiterschaft nach eineinhalb Jahren, in denen unsere Hotels nahezu permanent geschlossen sein mussten, hat auch die Aus- und Fortbildung ins Stocken gebracht. In den Sommer 2021 sind wir mit einem Personalmangel gestartet, der im Restaurantbereich dazu geführt hat, dass wir zum Beispiel die Zahl der Gedecke reduzieren mussten. Die daraus folgenden Umsatzeinbußen betrugen 30 Prozent. Die Schuld an der Misere trägt das Coronavirus allerdings nur zum Teil. Es liegt schon auch sehr an der Hotel- und Restaurantbranche als solcher. Häufig arbeiten unsere Hotelfachschulen nicht mehr auf der Höhe der Zeit; die Schüler lernen nichts über den korrekten Umgang mit dem Gast, unterschätzen die Bedeutung der Empathie, bekommen keinerlei Kenntnisse im Fach Psychologie vermittelt. Eine korrekte Mise en Place allein qualifiziert nicht für diesen Beruf; sie ist nur ein kleiner Teil eines sehr viel komplexeren Aufgabengebietes. Wenn wir dem Nachwuchs nur technisches Wissen vermitteln, ziehen wir uns reine Vollstrecker heran. Wer im Bereich professioneller Gastfreundschaft arbeitet, muss aber viel mehr sein – er muss kultureller Mediator seiner Region sein; sein Maßstab muss stets die Schönheit sein. Schönheit, die mit wahren Dingen, mit klaren und einfachen Handlungen anfangen müsste. Geschicktes Marketing kann ein banales und armseliges Produkt in etwas Außergewöhnliches verwandeln. In der Gastfreundschaft funktioniert das aber nicht. Da kann man keine Lügen und Märchen erzählen. Der Gast spürt instinktiv, ob der Gastgeber wirklich gastfreundlich ist. Der italienische Bildungsminister selbst müsste auf der Wichtigkeit guter Hotelfachschulen insistieren, und diese müssten in direktem Kontakt mit der Hotellerie stehen. In Wirklichkeit aber lernt der Nachwuchs im Klassenzimmer oft Dinge, die er in der Praxis gar nicht braucht.

Zum Glück gibt es aber auch positive Gegenbeispiele wie Federico Samaden, der die Hotelfachschule Istituto Alberghiero Trentino leitet. Die Ausbildung dort geht dynamisch, flexibel und konkret auf die Bedürfnisse des Marktes der Gastlichkeit und der Hotellerie allgemein ein. Die Nähe zur Arbeitswelt manifestiert sich in Praktika und Kollaborationen mit den touristischen Partnern, die wiederum aktiv zur Gestaltung des Studienprogramms beitragen. Samaden, der auch die Academy Ospitalia gegründet hat, arbeitet mit einem äußerst fähigen Team von Profis. „Gastfreundschaft ist, wenn man sich freut, dass es den Menschen gut geht", hat er mir einmal gesagt. „Der Tourismus ist weltweit die wichtigste Branche des Jahrhunderts. Diese Dimension erfordert eine breite Herangehensweise, die klarmachen muss, dass es nicht nur um Geld und regionale Entwicklung gehen darf, sondern auch um Unternehmensethik. Wir brauchen erleuchtete, aufgeklärte Unternehmer, die sich an die Spitze der Entwicklung setzen. Ein großes Thema, aus dem sich ein noch

Mitarbeiter und Mitarbeiterinnen: unser kostbarstes Gut

größeres ergibt: Wenn sich ein kulturell erneuertes Modell der Gastfreundschaft herausbildet, mit welcher Ausbildung wollen wir den Nachwuchs darauf vorbereiten?" Und Samaden hat da so seine Ideen. Den Kellner zum Beispiel hebt er auf eine neue Stufe und macht ihn zum „Territorial Mediator". Dazu gibt es bereits das perfekte außerschulische Fortbildungsprogramm mit Degustations-Modulen, in denen alles Wissenswerte zu lokalen Produkten vermittelt wird, und praktischem Unterricht auf dem Bauernhof, wo die Schüler lernen, wie Käse gemacht wird. Auch Rhetorikseminare gehören dazu, in denen die Kunst gelehrt wird, maßgeschneidert und persönlich über die Region und ihre Spezialitäten zu sprechen, sodass vor dem Gast ein veritables Portfolio an Schönheit aufgeblättert werden kann. „Wenn es da ein Museum gibt, das einen Besuch wert ist, muss der Kellner das richtig erzählen können. Mein Ziel ist es, die Schule in eine Stiftung überzuführen, die von Menschen getragen wird, die an diese Ideen glauben. Sie wird immer ein Ort für freies Denken und fruchtbaren Austausch sein. Es gibt nur eine Voraussetzung:

Im Zentrum der Aufmerksamkeit muss stets die Zukunft der jungen Leute stehen und eine regionalspezifische Form der Gastfreundschaft."

Mit der richtigen Ausbildung kann der Mensch wieder seinen Sinn für ideale Gastfreundschaft entwickeln, seinen Sinn für das Gefühl warmen Aufgehobenseins, wie er es im mütterlichen Schoß empfunden hat, bevor er ins irdische Leben katapultiert wurde. Gastfreundschaft ist etwas, das man lernen kann. Auch sie ist eine Form von Schönheit, kann den Menschen beflügeln. Doch die Sehnsucht nach Gastfreundschaft und Schönheit braucht ein Ziel. Sie muss sich dem Mitmenschen zuwenden; sie muss nach höheren Idealen streben, muss zu einer Vorstellung werden, deren Genuss mindestens so viel Vergnügen bereitet wie das gastfreundliche Handeln selbst. Diese Überzeugung sollten unsere jungen Mitarbeiter und Mitarbeiterinnen verinnerlichen und möglichst schon in der Hotelfachschule lernen. Wobei uns wohl bewusst ist, dass die konkreten Anforderungen und Möglichkeiten nicht immer mit den Normen und Prinzipien Schritt halten können, die auf rein ideeller Ebene beschlossen wurden.

Doch zurück zu den Rechten und Pflichten der Mitarbeiterinnen und Mitarbeiter in unserem Unternehmen. Wir haben eine Art Arbeitsordnung verfasst, die alle im Team kennen müssen. Es geht darin weniger um Vorschriften als um Werte, die auch wir selbst in unserer Arbeit beherzigen. Dem Personal ist zum Beispiel die Benutzung der Gemeinschaftsräume erlaubt, auch des Schwimmbads, und sie können unsere Hotels, die Spas, einige Restaurants und Bars zu Vorzugspreisen nutzen. Sie haben die Möglichkeit (wir laden sie sogar ausdrücklich dazu ein), mit unseren Guides und zusammen mit den Gästen Bergwanderungen zu unternehmen. Dafür sind am Arbeitsplatz keine langen

Gesichter erlaubt. Wer Probleme hat, sollte uns das so schnell wie möglich mitteilen.

Besonderen Wert legen wir darauf, dass die Mitarbeiter und Mitarbeiterinnen stets unser Haus repräsentieren, nicht nur während ihrer Arbeitszeit, sondern auch davor und danach. Sie sind angehalten, sich auch außerhalb der Hotels angemessen zu benehmen. Außerdem müssen sie das Organigramm unseres Betriebs respektieren und immer zwischen Familie und Unternehmensorganisation zu unterscheiden wissen. Sie müssen wissen, wie man Komplimente entgegennimmt, und ebenso, wie man mit Gästebeschwerden umgeht, die schnellstmöglich dem Abteilungsleiter gemeldet werden müssen. Häufig ist nicht das Problem selbst wichtig, sondern wie man als Mitarbeiter damit umgeht. Gute Mitarbeiterinnen kümmern sich persönlich darum, die Wünsche der Gäste zu erfüllen, und verweisen nicht auf den „Manager". Die beste Antwort auf fast alle Probleme hört sich so an: „Das tut mir leid! Ich kümmere mich sofort und sehe, was wir tun können." Auch sonst ist wache Anteilnahme gefragt. Wer als Concierge Dienst tut, muss die Zeitung gelesen haben und nicht nur Bescheid wissen, was für Aktivitäten gerade im Haus anstehen, sondern auch, was im Dorf und in der Region los ist. In den Mitarbeiterwohnungen führen wir während der Saison und zum Saisonende Inspektionen durch. Bevor das Team in den Betriebsurlaub startet, muss alles ordentlich aufgeräumt und sauber gemacht sein, einschließlich der Gemeinschaftsräume.

Das Wort Uniform verrät schon, was sich dahinter verbirgt: ein einheitliches Aussehen. In der Tat dulden wir in Sachen Arbeitskleidung keine Ausnahmen, Varianten, Abweichungen. Der Kleidungskodex gilt für alle. Das geht bei ordentlich frisierten Haaren los. Frauen müssen die Haare im sauberen Dutt tragen, Männer sauber rasiert sein oder einen gepflegten Bart tragen.

Schmuck und Armbänder sind nicht erlaubt, bis auf einen einzigen, unauffälligen Ohrring pro Ohr. Keine Armbanduhr. Schuhe unbedingt mit Kreppsohlen, die keine Geräusche machen. Zur Uniform gehört auch die offizielle Anstecknadel des Hauses. Sie ist aus Silber oder Gold, je nach Dienstjahren mit einer Anzahl kleiner Perlen bestückt und wird immer nach fünf im Hause verbrachten Saisons verliehen, in Anwesenheit der ganzen Familie, was jedes Mal ein besonderer, feierlicher Moment ist. Die Uniform selbst hat sauber zu sein, ordentlich gebügelt und auch nach der Mittagspause noch in Schuss. Die schwarzen Hosen der Männer schlabbern nicht um die Taille herum, und das gilt vom Oberkellner bis zum Tellerwäscher. Würde muss sein. Unsere Mitarbeiter und Mitarbeiterinnen kauen nicht Kaugummi und sprühen sich nicht mit starken Parfums ein. Männer dürfen im Dienst eigene Krawatten tragen, solange sie dezent gemustert sind und ordentlich gebunden. Dazu ein weißes Hemd, bitte ohne auffällige Nähte. Der Küchenchef trägt eine graue Schürze, die Souschefs eine rote, Köche eine braune und Tellerwäscher eine schwarze. Apropos Küche: Wer mit uns im Hotel La Perla arbeitet, kann seine Mahlzeiten in einer lichterfüllten Kantine mit schönstem Blick auf den Sassongher einnehmen. Wir finden, ein schönes Ambiente ist wichtig, wenn einen Stunden harter Arbeit erwarten. In der Kantine steht ein runder Tisch, der Tom Waits gewidmet ist: Die Tischplatte ist ein Mosaik, in das der Titel seiner legendären Platte *Swordfishtrombones* eingelassen ist, Schwertfischposaunen. Auch die Wörter „pommes" und „fish & chips" stehen da. Nach dem Motto: Jeder von uns spielt eine Rolle im Drama dieser Welt, wo sich Globales mit Poesie vermischt. Alternativ können unsere Mitarbeiter auch in einer holzgetäfelten Südtiroler Stube essen, an gemütlichen Tischen mit Stofftischdecke. Jeder, wie er will. Wichtig ist uns, dass es auch in der Kantine hochwertiges Essen gibt. Der Kaffee stammt aus dem fairen Handel, und wir versuchen, sämtliche Nahrungsunverträglichkeiten zu berücksichtigen. Zweimal in der Woche ist „Veggie Day", kein Fleisch für alle; wir halten das für eine gute und richtige Sache. Die Belegschaft selbst ist dafür verantwortlich, dass die Kantine immer sauber und ordentlich aussieht, sodass man auch gerne hingeht.

In unseren Büros wiederum herrscht ein Verhaltenskodex wie in einer Bibliothek. Es wird leise gesprochen, und auch sonst sollen Geräusche weitgehend vermieden werden. Handygespräche sind nicht erlaubt; in jedem Fall müssen die Handytöne auf lautlos gestellt sein. In den Büros liegt kein Papier herum; auf den Schreibtischen sind immer nur die Unterlagen erlaubt, mit denen gerade gearbeitet wird. Und die anschließend wieder in den Schubladen verschwinden müssen. Am Schreibtisch dürfen heiße und kalte Getränke konsumiert werden, sofern Gläser, Trink- oder Thermosflaschen am Ende des Arbeitstages wieder weggeräumt werden. Essen hingegen ist nicht erlaubt, von Sonderfällen abgesehen. Auch der Schreibtisch muss abends ordentlich aufgeräumt sein: Maus und Tastatur liegen vor dem Bildschirm, das Telefon steht daneben, der Stuhl wird unter den Tisch geschoben. Diese Regeln gelten ausnahmslos für alle, die von der großen Costa-Familie eingestellt wurden. Die Costas selbst eingeschlossen. Auch wir haben die Wahrheit nicht gepachtet oder den Zauberstab für die perfekte Lösung, aber von einem sind wir überzeugt: So wie unsere Mitarbeiter und Mitarbeiterinnen für uns da sind, so sind wir für sie da. Wir sind für alles ansprechbar und disponibel; sie haben einen schönen Arbeitsplatz in unbeschwerter Atmosphäre, jedenfalls hoffen wir das. Damit das Wirklichkeit werden und damit unser Unternehmen nach außen kommunizieren kann, was es innen alles gut und richtig macht – siehe Bernays –, müssen wir zusammenarbeiten und unser Verhaltensregelwerk gemeinsam beherzigen.

# Gemeinwohl-Ökonomie
*Eine Bilanz, die nicht auf den Gewinn schaut*

Nicht aus Reichtum kommt die Tugend, sondern aus
Tugend Reichtum und alle anderen Güter.

Sokrates

Die Gemeinwohl-Ökonomie (GWÖ) ist ein von dem österreichi-
schen Schriftsteller und Historiker Christian Felber entwickeltes
alternatives Wirtschaftssystem, das nicht auf den Gewinn, sondern auf das Gemeinwohl abzielt. Es basiert auf Werten wie
Menschenwürde, Solidarität und Gerechtigkeit, ökologischer
Nachhaltigkeit, Transparenz und demokratischer Mitbestimmung.
In Italien sorgt die Federazione per l'Economia del Bene Comune
(Dachverein für die Gemeinwohl-Ökonomie) für die Verbrei-
tung der GWÖ-Idee. Die Bewegung teilt sich auf Regionalgrup-
pen auf, die die GWÖ auf lokaler Ebene vertreten. Diese Gruppen verbinden auf informelle Weise Bürger, Unternehmen und
lokale Behörden. Man trifft sich, um Ideen und praktische
Tipps rund um Werte und Philosophie der GWÖ auszutauschen, vor allem aber, um die Idee selbst bekannt zu machen.
2018 wurde die erste internationale GWÖ-Rechtsstruktur geschaffen, der Internationale GWÖ-Verband, der acht nationale
Verbände umfasst – Österreich, Chile, Deutschland, Italien,
Holland, Großbritannien, Spanien und die Schweiz.

Ich denke gerne daran zurück, wie es zur Gründung des briti-
schen Dachvereins kam: Vor einigen Jahren zeigte ein englischer
Gast im Hotel La Perla großes Interesse an der Philosophie unseres
Hauses und an der GWÖ im Allgemeinen. Nach verschiedenen
Meetings, Mails und Recherchen war es dann ebendieser Gast,

der die britische Bewegung zur Förderung der GWÖ aus der Taufe hob. Heute treffen sich die Vertreter der einzelnen Gruppen jedes Jahr bei der International Delegate Assembly, um Praxiserfahrungen auszutauschen und demokratisch über die Zukunft der Bewegung abzustimmen. Auch hier werden stets die Grundwerte der Transparenz und der demokratischen Mitbestimmung berücksichtigt. Es wird versucht, einvernehmliche Entscheidungen zu treffen; dazu findet ein Dialog „in der Runde" statt. Es geht darum, die Alternativen mit dem geringsten Widerstandspotenzial für die größte Zahl von Entscheidungsträgern herauszufinden.

Das Instrument, mit dem sich messen lässt, wie hoch der Beitrag eines Unternehmens, einer Institution oder auch eines einzelnen Bürgers zum Gemeinwohl ist, ist die sogenannte Gemeinwohl-Bilanz, bei der sich ein Maximum von 1.000 Punkten erreichen lässt. Der Idealzustand für ein am Gemeinwohl orientiertes Unternehmen oder eine Institution ist der der Gemeinnützigkeit, bei der kein Gewinn angestrebt wird. Zur Erstellung der Gemeinwohl-Bilanz ist zunächst ein ausführlicher Gemeinwohl-Bericht erforderlich, der den Status quo des Unternehmens, der Institution oder der Privatperson detailliert und kritisch abbildet – und zwar auf der Basis der sogenannten Gemeinwohl-Matrix. Diese Matrix wendet die vier Grundwerte der GWÖ auf verschiedene Indikatoren an – auf Lieferanten, Eigentümer und Finanzpartner, Mitarbeiter, Kunden und Konkurrenten sowie den sozialen Kontext. Diese Indikatoren müssen vom Unternehmen selbst ausführlich und aussagekräftig beschrieben werden. Dazu findet eine Selbstbewertung statt, bei der das Unternehmen jeden Bereich mit einer Punktzahl bewertet; außerdem wird zu jedem Bereich angegeben, welche Maßnahmen oder Korrekturen denkbar wären, um ein besseres Ergebnis zu erzielen. Sowohl der Bericht als auch die Selbstbewertung werden dann im Rahmen eines Group Assessment evaluiert – entweder bei einer Peer-Evaluierung zusammen mit einem GWÖ-Berater oder bei einem Audit, bei dem ein GWÖ-Auditor den Bericht auf seine Richtigkeit überprüft.

Natürlich haben wir auch für das Hotel La Perla die Gemeinwohl-Bilanz eingeführt. Begleitet wurde der Prozess von unserer wunderbaren Mitarbeiterin Elide, die sich mit allen Bereichen und Mitarbeitern auseinandergesetzt und die einzelnen Punkte intensiv, kritisch und aufgeschlossen in Augenschein genommen hat. Es war eine Arbeit, die ein ganzes Jahr in Anspruch genommen hat. Das Ergebnis betrug am Schluss 342 von 1.000 möglichen Punkten. Am besten schnitten wir ab bei den Auswirkungen unserer Produkte auf die Gesellschaft, bei unserem Beitrag für die Gemeinschaft, bei der ökologischen Nachhaltigkeit unserer Lieferketten. Deutlich Luft nach oben war dagegen noch in den Bereichen Menschenwürde in der Lieferkette, Entscheidungsfindung und -kommunikation, sozio-ökologische Investitionen, Unternehmens-Welfare, Arbeitsorganisation und Reduktion der Umweltbelastung. Folgende Prozentsätze eines hypothetischen Maximalwertes haben wir jeweils erreicht: Menschenwürde 35 Prozent, Solidarität und Gerechtigkeit 43 Prozent, ökologische Nachhaltigkeit 33 Prozent, Transparenz und Mitbestimmung 13 Prozent. Obwohl unser Hotelunternehmen bei der Produktbeschaffung einem Verhaltenskodex folgt, den wir 2014 in einer eigenen Arbeitsgruppe entwickelt haben, sind Transparenz und Ethik in den Lieferketten und vor allem die Nachhaltigkeit immer noch die größten Herausforderungen für unsere Arbeit. Ebenso problematisch verhält es sich mit der Verteilung der Arbeitslast, die im Hotelsektor, wo gewisse Dienstleistungen rund um die Uhr erbracht werden müssen, besonders hoch ist. Doch viel wichtiger ist, dass uns die Gemeinwohl-Bilanz jede Menge Anregungen und viele Ideen geliefert hat, wie wir den GWÖ-Status unseres Betriebs verbessern können. Und das werden wir nach Kräften tun.

# This is the end, beautiful friend

## Am Ende einer langen Reise beginnt alles von vorne

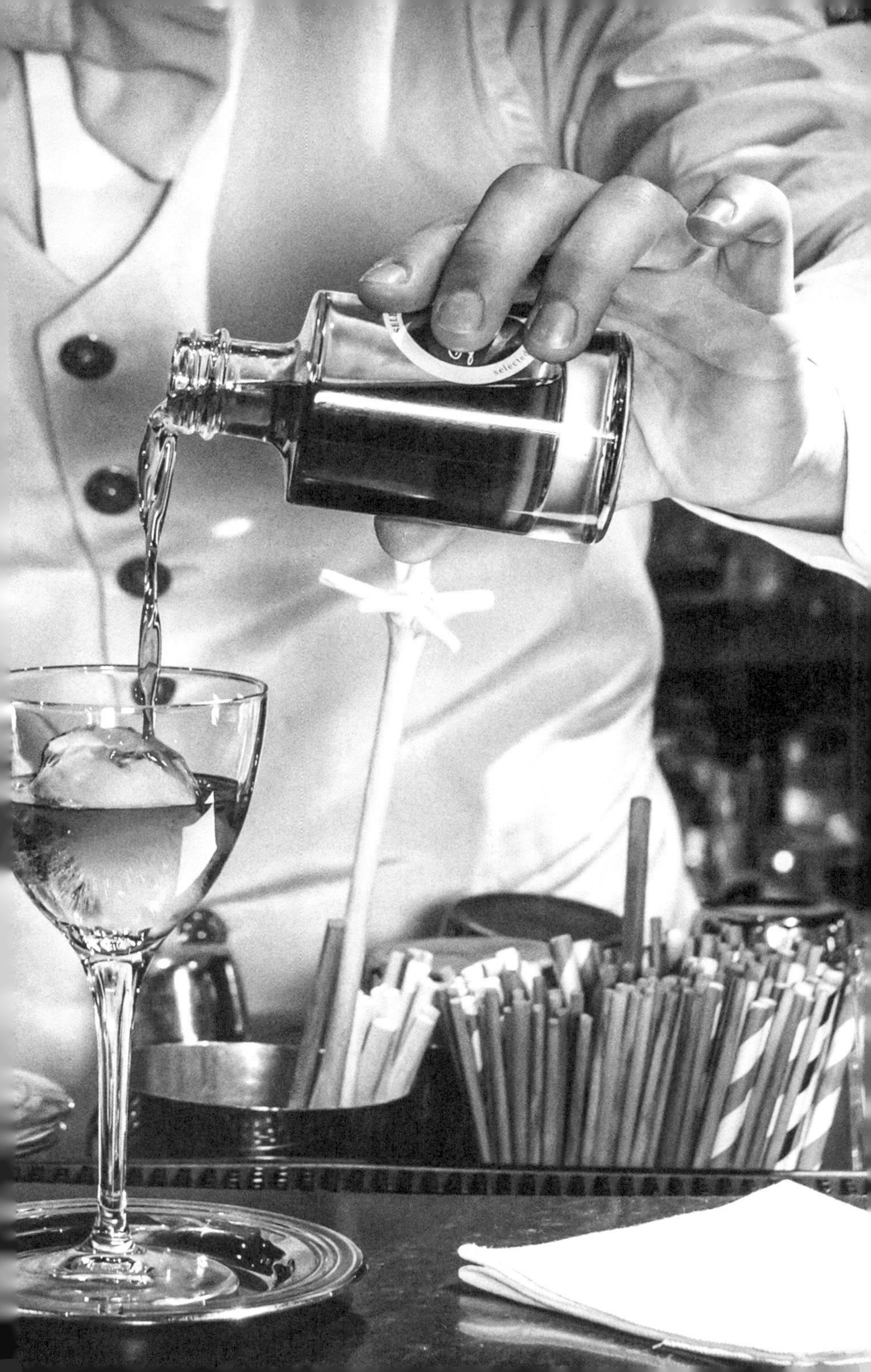

Gib jedem Tag die Chance, der schönste deines Lebens zu werden.

Mark Twain

„O tempora, o mores!" In einer Gesellschaft, in der alles und jedes nur noch über den Erfolg definiert wird, gilt es, Stärke und Resilienz zu zeigen. Wer Schwäche auch nur erahnen lässt, hat schon verloren. Ist in einer solchen Gesellschaft überhaupt noch Raum für nutzlose Kunst? Ich finde: ja. Weil Kunst niemals nutzlos ist. Mir fällt dazu Banksy ein und die machtvolle Friedensbotschaft in seinem *Flower-Thrower*-Graffiti. Es zeigt einen vermummten Demonstranten in einer Position, als ob er einen Pflasterstein oder Molotow-Cocktail schleudern wollte. Doch in der Hand hält er einen Blumenstrauß. Kunst sensibilisiert, sie bringt neue Ordnung in Gedanken und Gefühle, sie öffnet uns das Tor zu neuen Welten. Auch aus der *Göttlichen Komödie* ziehen wir größten Nutzen. Dante hat uns damit inspiriert, aber nun sind wir an der Reihe mit dem revolutionären Denken, mit der Originalität. Wenn wir ins Paradies gelangen wollen, müssen wir umsetzen, was wir bei Dante gelernt haben. Übernehmen wir dagegen angesichts der nahenden Tragödie keine Verantwortung, so ist unser Weg in die Hölle vorgezeichnet. Was sind Tragödien? Die alten Griechen erhielten ein Tagegeld, um sich die Tragödien ansehen zu können; es diente ihrer Charakterbildung. Die platonischen und aristotelischen Denker dagegen widmeten ihr Leben der Philosophie; sie wollten spirituellen Fortschritt möglich machen. Auch wir sollten uns diese Art Lebensschule wieder zu eigen machen, sollten wieder Zeit zum Nachdenken finden, um sicher sein zu können, dass unser Handeln das bestmögliche ist. Bestmögliches Handeln bedeutet in unserem Fall, anständige, umfassende Gastfreundschaft anzubieten, die ruhig auch ein bisschen revolutionär sein darf. Ob wir damit gewinnen werden, lässt sich jetzt noch nicht sagen. Sicher ist nur eines: Hotelier darf für uns nicht nur eine Jobbeschreibung sein; wir müssen Hotelier *sein*, müssen Gastfreundschaft leben, aus voller Überzeugung und mit Leib und Seele. Oder es am Ende unseres Lebens wenigstens versucht haben. Ich persönlich werde mich immer weiter um diese Form der Gastfreundschaft bemühen. Ich werde mit unseren Gästen über Schönheit sprechen, werde die nötige Zeit, den Raum und das Geld für Kunst und Solidaritätsaktionen finden. Ich werde unsere Mitarbeiter gegenüber aggressiven Kunden verteidigen, gegen Autolawinen kämpfen und gegen jenen Typ Politiker, den Dante seiner Tatenlosigkeit wegen im Vorhof der Hölle angesiedelt hätte, wo die Opportunisten schmoren, die Feiglinge, all das Mittelmaß, das sich immer auf die Seite des Stärkeren schlägt. Bei alldem werde ich heitere Entspanntheit an den Tag legen, eine gewisse Leichtigkeit, ein Lächeln. Und ab und zu werde ich aus voller Brust lachen. Denn wie Herodot wusste: Will der Mensch immer ernsthaft arbeiten und gar nicht scherzen, so muss er eines Tages stumpfsinnig werden. Und stumpfsinnig werden will ich nicht! Lieber gehe ich als verrückt durch, weil ich lache, als dass ich verrückt werde, weil ich nicht lache.

Lasst uns nicht nach anonymem Personal suchen, sondern nach echten Mitarbeitern, nach echten Mitarbeiterinnen. Menschen, denen wir mit großem Vertrauensvorschuss begegnen. Sie sollen ihre Qualitäten entwickeln können, ohne gleich in irgendeine Schublade gesteckt zu werden. Wenn sie Schwierigkeiten haben, sollen sie auf uns zählen können; auch das ist eine Form von – nach innen gerichteter – Gastfreundschaft. Wichtig ist, jetzt konkret etwas zu unternehmen, denn erst das Handeln macht den Unterschied. Wichtig ist, dass wir Lehrmeister sind und uns bewusst werden, dass wir als Lehrende vor allem auch Lernende sind. Dass wir den Boden bereiten für das, was kommen mag, mit stoischer Gelassenheit, Achtsamkeit und Verzicht auf Überflüssiges. Alles Themen, die wir auch den Gästen näherbringen können, ohne dabei anmaßend und oberlehrerhaft zu wirken. Es reicht zu erklären, wieso ein überbordendes Buffet wirklich nicht nötig ist. Oder dass wir die internationale Zuckerbrause durch den feinen Sprudel eines kleinen Herstellers ersetzt haben, der sizilianische Zitrusfrüchte verwendet. Und dass wir nicht vorhaben, uns vom grenzenlosen Wachstumswahn mitreißen zu lassen, in dem kulturelle Entwicklung, Solidarität und ethische Prinzipien nichts zählen. Dass wir unsere Costa Family Foundation gegründet haben und dadurch zum Beispiel afghanischen Frauen ihre Würde zurückgeben, hilft uns sehr dabei, unsere kleinen Alltagsprobleme in die angemessene Perspektive zu rücken. Dass nicht nur unsere Zukunft als einzelne Hoteliers auf dem Spiel steht, sondern dass es um das Schicksal der Allgemeinheit geht, ist etwas, dass wir alle begreifen müssen. Das „Ich" ist immer mehr als eine rein singuläre, persönliche Angelegenheit. Wir müssen lernen, in uns selbst eine Verflechtung umfassender, unverzichtbarer Beziehungen zu sehen, etwas, das der alpine Rummelplatz-Tourismus nicht besitzt. Und es geht hier nicht nur um menschliche Beziehungen, es geht auch um die Natur, zu der wir endlich eine echte, tiefe Verbindung aufbauen müssen. Viel Zeit bleibt uns dafür nicht mehr. Aber wir können die Natur nicht weiter auf etwas reduzieren, das dem menschlichen Denken und Geist unterlegen ist und zu dem wir deshalb nicht in Beziehung treten können. Das würde bedeuten, die Gesamtheit des Ganzen zu leugnen. Machen wir uns lieber die Worte von Greta Thunberg zu eigen: „Euch gehen langsam die Ausreden aus und uns die Zeit." Wenn wir unsere Idee von Gastfreundschaft wirklich umsetzen wollen, müssen wir im Sinne allgemeiner menschlicher Vernunft handeln und das Schicksal akzeptieren, das die Weltordnung für uns bereithält.

Als Weltgemeinschaft haben wir keine Chance, solange jeder nur an sich denkt. Nur gemeinsam können wir uns retten. Das geht damit los, dass sich jeder Einzelne in Sachen Zugehörigkeit und Identität ein wenig zurücknehmen sollte. Zugehörigkeit zu etwas ist nichts, was sich als starke Wurzel im Boden ausbreitet und nie wieder ausgerissen werden kann. Zugehörigkeit darf auch nicht dazu führen, dass jeder nur noch seinen eigenen, kleinen Vorgarten harkt und so tut, als ginge ihn der Rest der Welt nichts an. Es bringt nichts, im Namen einer Identität – in meinem Falle der ladinischen – alle anderen zu fürchten, die „von draußen" kommen. Vor allem aber rechtfertigt diese Identität keine „-ismen" – keinen Separatismus, Nationalismus, Populismus oder Souveränismus. Schon in wenigen Jahren werden Asiaten und Latinos die Hälfte der US-Bevölkerung ausmachen, und nach Europa werden Chinesen, Inder, Afrikaner kommen – nicht nur als schamlos ausgenutzte Arbeitssklaven wie bisher, sondern als wertvolle Ressourcen nicht nur für den Arbeitsmarkt, sondern auch für unsere Entwicklung und für mehr gegenseitiges Verständnis. Sie werden Anlass sein, die verbliebenen Barrieren auf dieser Welt endgültig einzureißen. Noch lauern an allen Ecken und Enden Vorurteile. Doch peu à peu werden wir uns alle integrieren – mit guter Planung, intelligenten Lösungen und Respekt für die Mitmenschen. Die immer stärkere Globalisierung wird neben neuen Bürgern auch internationale Investoren nach Europa bringen; die Zahl der Hotelketten wird sich vervielfachen, Buchungsportale werden den Markt noch stärker beherrschen. Entscheidend wird dann sein, dass wir als Gastgeber und Gastgeberinnen genau wissen, was uns ausmacht, was uns abhebt von den anderen, was uns zu etwas Besonderem werden lässt in der Welt. Auch wenn es den „echten Italiener" als solchen schon lange nicht mehr gibt, denn der eine Italiener ist ein bisschen tirolerisch, die andere Italienerin ein bisschen albanisch, wieder andere bringen arabische oder katalanische Einflüsse mit. Doch wir müssen unser heimisches Handwerk, unsere kulinarischen Spezialitäten ordentlich aufwerten, wenn wir nicht von der grassierenden touristischen Monokultur überrollt werden wollen. Was wir zu bieten haben, mag zwar stark und fest verwurzelt wirken, ist der globalen Marktmacht gegenüber aber zart und zerbrechlich. Wie also können wir die Katastrophe aufhalten, die der ungebremste alpine Rummelplatz-Tourismus mit sich bringt? Eine Chance haben wir nur, wenn wir endlich an uns selbst glauben, an unsere wunderbar facettenreiche Identität, die ständig neue, schöne Blüten treibt. Nur wenn wir Gastfreundschaft höchster Qualität anbieten, vom Einkauf der Frühstückssemmeln bis hin in die Wäscherei, und zwar nicht für die Gäste, sondern weil es uns selbst wichtig ist. Nur wenn wir mit richtiger Besucherlenkung hier schädliche Overtourism-Phänomene vermeiden und dort echte, authentische Dörfer aufwerten. Wenn wir damit die Landflucht aus den vom Tourismus bislang kaum berührten Gebieten aufhalten und kleinen Familienbetrieben einen Grund geben weiterzumachen. Nur wenn wir aktiv alle unterstützen, die Gutes und Schönes schaffen. Wenn wir das alles tun, dann haben wir eine Chance.

Die Erziehung zum Schönen könnte bei den Gästen aber noch mehr bewirken. Sie könnte zu bewussterem Handeln führen, zum Hinterfragen gewisser seltsamer Dynamiken dieser Welt, zu wacher Aufmerksamkeit gegenüber Vergangenheit und Gegenwart. Mit dem Ergebnis, dass im Urlaub nicht mehr nur der „Stecker gezogen" wird, sondern im Gegenteil: dass Gäste dann neue Energie tanken. Eine Energie, die nicht nur während der Ferientage anhält, sondern auch darüber hinaus. Und die den Gast auch zu Hause zu einem besseren, bewussteren Leben anregt.

Ich möchte ein gastfreundlicher Mensch sein, weise und voller Dank gegenüber dem Leben und der Natur. Ich möchte mich für sanfte Musik entscheiden und Lärm und Knallerei vermeiden. Ich möchte nach dem Höheren, nach dem Richtigen streben und nie aufzuhören zu lieben. Noch gelingt mir das alles nicht wirklich, aber ich werde es weiter versuchen und von denen lernen, die sich darauf verstehen: Künstler und Künstlerinnen, edle Gemüter, rechtschaffene Gastgeber, Restaurantbesitzerinnen, die ihren Beruf mit Herz und Verstand leben. Ich will versuchen, diesen Ort ein wenig besser, ein wenig schöner zu hinterlassen, als ich ihn vorgefunden habe. Das ist die Aufgabe, und das soll auch meine Aufgabe sein. Was ich dagegen nicht tun werde: mich von der Negativität vieler meiner Kollegen anstecken lassen, diesen Spezialisten des Epikedeions, des Trauergesangs im alten Griechenland, bei dem weder Freude noch Erlösung vorgesehen waren. Mich macht ja allein der Gedanke glücklich, ein Gastgeber zu sein. Schon das zaubert ein Lächeln auf meine Lippen. Tenzin Gyatso, der 14. Dalai Lama, hat mir gesagt: Ein Lächeln wird die Welt retten. Bei diesen Worten nahm er mich fest in die Arme und sah mir in die Augen. Und ich hatte verstanden: Dieses Leben ist ein Geschenk. Froh zu sein, ist unsere Pflicht.

Ich komme zum Ende. War es nötig, dieses Buch über die Gastfreundschaft? Natürlich nicht; alles Wichtige war ja längst gesagt und geschrieben. Womit ich weniger die Lehren der Marketingexperten und die aktuellen Erkenntnisse der Tourismusstrategen meine, sondern die wahren Worte derer, die die Geschichte der Gastfreundschaft geschrieben haben. Noch etwas ist mir wichtig: Mit echter, wirklich gepflegter Gastfreundschaft werden wir den Fanatismus überwinden, den der Rummelplatz-Tourismus auf privater, lokaler und nationaler Ebene mit sich bringt. Diesen fast schon pornografischen Tourismus, mit Veranstaltungen, die allein für den schnellen Genuss gemacht sind, für Genuss gegen Bezahlung, wo man für eine mehr oder weniger schnelle Befriedigung Geld hinlegt. Wo das Verhältnis einseitig ist und nicht wechselseitig und komplementär wie in einer echten Beziehung. Wir, die Tourismusakteure, geben unsere Schätze preis und stellen sie zur Verfügung, als bestünde ihr einziger Wert darin, einen kurzen, oberflächlichen Genussmoment zu erzeugen. Damit erniedrigen wir uns selbst. Außerdem verwandelt sich der Tourist in diesem Spiel in eine Art Voyeur, dem bewusst ist, dass er eine künstlich arrangierte Szene erlebt. Dennoch gibt er sich der kurzen Täuschung gerne hin, obwohl nichts zurückbleibt, kein echtes Gefühl, schon gleich gar keine echte Begegnung, kein echter Austausch. Höchstens die Lust, möglichst bald wieder einen schillernden Moment des schnellen Glücks zu erleben. Rummelplatz-Tourismus ist wie Online-Sex, Ausdruck einer feindseligen Einstellung gegenüber der Freiheit des Menschen. Der *Fast*-Tourismus ähnelt sogar den spanischen Conquistadores, die im 16. Jahrhundert über bis dahin unentdeckte Inseln herfielen, sie ausraubten und vergewaltigten und nach ihrer Abreise Elend und Verzweiflung zurückließen. Unser pornografischer Rummelplatz-Tourismus kreiert mit Unterstützung von Lokalpolitikern, Unternehmen und Spekulanten Orte, deren Aufgabe allein darin besteht, ausgebeutet und ihres eigentlichen Inhaltes beraubt zu werden. Der Lebenszyklus einer touristischen Destination ist kurz, weil der Tourismus das Blut und die Lymphe der dort heimischen Gemeinschaft aussaugt. Stellen wir uns ein hübsches, unverschandeltes Städtchen vor, das sich in einen touristischen Hotspot verwandelt. Doch was bleibt von seinem Charme, wenn es keinen Schuster mehr gibt, keinen Installateur, keine Schule? Weil aus den Werkstätten Wine Bars geworden sind, weil die Palazzi Airbnbs beherbergen statt Wohnungen für

Einheimische, weil man nirgendwo mehr Brot bekommt, nur noch Leihscooter und Souvenirs? Was bleibt, ist der große Kater nach einem kollektiven Rausch der schlimmsten Sorte. Es gibt schon viel zu viele Beispiele dafür, wie der Overtourism hinreißend schöne Orte zerstört hat, wie er ihre Verarmung betrieben hat, weil er alternativen, längerlebigen Entwicklungsmöglichkeiten schlicht keine Chance gelassen hat. Geblieben sind deprimierende Kathedralen des *Fast*-Tourismus, die den Boden ausgelaugt haben, auf dem sie stehen, ohne ihm die Möglichkeit zur Regenerierung zu lassen.

Der alpine Rummelplatz-Tourismus agiert machtvoll und aggressiv und ist Ausdruck von Missbrauch. Dieser Tourismus konstruiert nichts. Er beschränkt sich auf den Moment und auf die unmittelbare Befriedigung. Ihm fehlt der Weitblick, er hat keine Visionen und schon gleich gar keine Mission. Gastfreundschaft ist etwas ganz anderes: Hier geht es darum, etwas aufzubauen, Tag für Tag, Stein für Stein, Lächeln um Lächeln. Renzo Piano hat das einmal sehr schön in einem Interview gesagt, das die italienische Tageszeitung „La Repubblica" anlässlich der Eröffnung des GES-2 mit ihm geführt hat, des neuen Museums für zeitgenössische Kunst in Moskau: „Bauen ist ein Akt des Friedens." Wer eine Zukunft vor sich hat, der spürt das und errichtet auf diesem Gefühl friedlich seine eigene, langfristige Perspektive.

Hotelier zu sein, ist mehr als ein Beruf. Es ist eine Mission. Die Kraft dieser Mission könnte der ganzen Menschheit zu einer neuen Bestimmung verhelfen, wenn sie in jener universellen Gastfreundschaft kulminiert, die die richtigen Dinge tut. Eine Gastfreundschaft, in der wir uns ständig weiterentwickeln im Bemühen, das, was wir tun, wirklich gut zu tun. Indem wir

Zweifel überwinden und den Versuchungen des schnellen Instant-Erfolgs widerstehen. Indem wir eitle Hoffnungen und Enttäuschungen hinter uns lassen, die bremsend und belastend sein können. Indem wir einem höheren Plan folgen. Die Hürden des Alltags überspringen. Und offen sind für echte Begegnungen.

Gastfreundschaft heißt (An-)Teilnahme, und darin liegt unsere Mission. Wir müssen den wahren Wert der Dinge erkennen, die unser Umfeld ausmachen, und mit diesen Pfunden müssen wir wuchern. Der wahre Wert lässt sich aber meistens nicht durch eine einfache Kosten-Nutzen-Rechnung bestimmen. Es gilt vielmehr herauszufinden, was gut oder schlecht ist für uns, für die anderen, für die gesamte Schöpfung. Das ist nicht nur unsere Verantwortung; in diesem Prozess steckt zugleich auch das Glück, auf der Welt zu sein. Die wahren Quellen des Unglücks sind meistens unsere eigenen Erwartungen, unsere Ängste. Niemand braucht gleich die richtigen Antworten. Es reicht völlig, wenn wir uns zunächst einmal die richtigen Fragen stellen. Und lernen, dass wir uns nie etwas wünschen sollten, das nicht von uns abhängt. Stattdessen sollten wir uns stärker mit den Dingen beschäftigen, die wir beeinflussen können, und die entsprechenden Ziele aufmerksam und aktiv verfolgen. Wir müssen auch verstehen, welches Tun schändlich ist, unehrenhaft, falsch. Unserem Streben nach dem eigenen Vorteil müssen wir Grenzen setzen. Wir müssen uns die Zeit nehmen, tief in Dinge und Zusammenhänge einzudringen, um ihr Wesen zu begreifen, ihre Struktur und ihre Möglichkeiten. Kongo und Alaska sind zwar ziemlich weit weg, aber das bedeutet nicht, dass wir von diesen Ländern komplett losgelöst wären. Das Coronavirus hat uns von unseren Widersprüchlichkeiten nicht befreit, im Gegenteil, es hat sie vermutlich eher noch verschärft. Wer früher eine Steinschleuder in der Hand hatte, droht jetzt mit der Kalaschnikow.

Aber vielleicht können die, die schon früh mit Blumensträußen warfen, uns heute dabei helfen, gewisse vermeintlich bedeutende Dinge nicht mehr so wichtig zu nehmen. Und uns beibringen, wie das geht, nicht nur mit dem Kopf zu denken. Sondern auch mit dem Herzen und mit dem Geist. Eine gute Begegnung mit jemandem ist immer eine Erfolgsgeschichte.

Was genau bedeutet Erfolg für uns? Dass die anderen ehrfurchtsvoll zu uns aufblicken? Um uns dann hinzustellen und die Geranien vom Balkon zu räumen, sobald der letzte Gast abgereist ist? Wie soll man denn bitte sehr Schönheit kommunizieren, wenn man sie nicht selbst lebt? Jeder muss mit seinen eigenen Dämonen fertigwerden und ist dabei ganz auf sich gestellt. Sich hinter einem Smartphone zu verstecken, ist auch keine Lösung. Auch das hat Banksy sehr schön dargestellt, mit *Mobile Lovers*, einem Werk, das das ganze Unbehagen unserer zeitgenössischen Gesellschaft widerspiegelt: die kalte Umarmung zweier Menschen, die wirklich tiefe Gefühle nicht füreinander empfinden, sondern für ihr Handy, auf dessen Display sie jeweils starren. Ein Verhalten, das man schon lange nicht mehr nur den ganz jungen Leuten vorwerfen kann. Wenigstens sollte uns bewusst sein, dass sich hinter diesen digitalen Pseudobegegnungen ein gewaltiger Interessenskonflikt verbirgt: zwischen dem, was gut für die Gemeinschaft ist, und dem, was gut für die Betreiber der Social-Media-Kanäle ist. Den jungen Menschen, die innovativ sein wollen und es kaum erwarten können, in der digitalen Welt Karriere zu machen, sei eines gesagt: Lasst euch nicht zu Sklaven der digitalen Großkonzerne machen! Die wahre Innovation liegt in der Gastfreundschaft.

Immer schneller entwickelt sich die Welt auf eine virtuelle Zukunft zu. Bald werden wir ganz und gar in einer Meta-Realität leben können, in der wir virtuell unseren Hund streicheln, andere Menschen „erleben", unsere Einkäufe in simulierten Umgebungen erledigen. Doch das Leben in diesem digitalen Abbild der Wirklichkeit wird nie und nimmer die echten, tieferen Bedürfnisse des Menschen befriedigen können. Tourismus aber bedeutet, ein wahres Zuhause auf Zeit zu schaffen, und das ist die größte Herausforderung, die die Zukunft für uns bereithält.

Die im Tourismus arbeitenden Menschen sind es, die aus einer Unterkunft – ob Hotel, Ferienanlage oder Campingplatz – ein Zuhause machen, und das Gefühl des Angekommenseins hat mit der Zahl der Sterne nun wirklich überhaupt nichts zu tun. Überhaupt, die Hotel-Sterne: Die werden unter anderem auf der Basis der Zimmergröße vergeben, und das halte ich nicht für zielführend. Viel besser wäre es doch, statt der technischen die menschlichen, künstlerischen und weniger standardisierten Aspekte zu bewerten: Empathie, Originalität und Kreativität zum Beispiel! Kunst etwa könnte hier Punkte bringen (aber Rummelplatz-Tourismus ist der Tod jeder Kunst). Wer Gastfreundschaft als Beruf betreibt, muss ein Gefühl des Zuhauseseins für andere erschaffen, muss die Klischees hinter sich lassen und eine Transformation einleiten, die nicht virtuell, sondern konkret ist und uns immer besser werden lässt. Der Rummelplatz-Tourismus feiert sich selbst. Echter, authentischer Tourismus feiert das, was ihn auszeichnet.

# Danksagungen

Mein allererster Dank gilt meinen Eltern Ernesto und Anni. Sie haben das Hotel zu unserem Zuhause gemacht. Wir sind dort aufgewachsen, haben das Hotel als Kinder erlebt, später als Teenager und leben es heute als Männer, Väter, Ehepartner und Onkel. Mami und Tati hatten viel Geduld mit uns, erst recht als ihnen klar wurde, dass weder Mathias noch ich so richtig an der Hotellerie interessiert waren. Doch statt uns zu irgendetwas zu zwingen, haben sie uns an die Hand genommen und uns liebevoll und mit großem Verständnis (für mich brauchte es besonders viel Verständnis!) gezeigt, wie viel Schönheit in der Begegnung steckt. Das tun sie übrigens immer noch. Mama Anni kümmert sich akribisch um jedes Detail in unserem Hotel und ist eine echte Künstlerin. Tati Ernesto, geborener Entertainer und „Architekt" mit Volksschulabschluss, ist seiner Zeit stets voraus. Beide haben nie aufgegeben, auch nicht angesichts der Katastrophen, von denen wir im Hotel leider auch einige erlebt haben. Mein jüngster Bruder Maximilian hat die Hotellerie im Blut, ist äußerst erfolgreich mit allem, was er in dieser Branche anpackt, und er geht seine eigenen Wege. Er und seine Frau Kathrin arbeiten nicht mehr mit uns, steuern aber immer noch wertvolle Anregungen und Ideen bei. Mathias, der mittlere Bruder, kümmert sich persönlich um die Gäste und um alles, was mit Bauen und Renovieren zu tun hat; er ist der Pragmatiker im Hause und mit seiner zuverlässig guten Laune der perfekte Gastgeber im L'Murin, unserem legendären Après-Ski-Lokal, das sich noch Maximilian ausgedacht hat. Ich hingegen bin ein unverbesserlicher Träumer geblieben, stecke voller Ideen, aus denen eher selten wirklich was wird, bin Experte in nichts Besonderem und kümmere mich gern ein bisschen um alles. Mir und Mathias zur Seite stehen unsere wunderbaren Ehefrauen Petra und Giovanna, die das Hotelmanagement in ihren Zuständigkeitsbereichen perfekt im Griff haben. Und dann gibt es noch unseren fantastischen „Wahlbruder" Stefan samt Labrador Gaudí. Stefan ist seit 25 Jahren im Haus und mittlerweile der Mann, der für Stil und Interieur in unseren Hotels verantwortlich zeichnet. Unser touristisches Unternehmen begreifen wir auch als Ausdrucksform: Als leidenschaftliche und privilegierte Hoteliersfamilie setzen wir darin unsere Philosophie in etwas sehr Reales und Konkretes um.

Mein Dank gilt Elide Mussner Pizzinini, schon seit mehr als einem Jahrzehnt wertvolle Freundin und Mitarbeiterin. Sie war es, die mich zu diesem Buch nicht nur ermutigt, sondern fast schon gezwungen hat. Sie hat Ordnung in meine Aufzeichnungen gebracht und zusammen mit Edition Raetia die Arbeit an diesem Buch koordiniert, gelenkt und überwacht. Dank geht an den außergewöhnlichen Schriftsteller Francesco Francësch Ricci, einen Mann, der große Kultur mit Bescheidenheit verbindet und der mir bei diesem Projekt zur Seite gestanden ist, mich unterstützt, begleitet und in die richtigen Bahnen gelenkt hat. Mit Geduld, Verstand, Disziplin und Schnelligkeit hat er meine Gedanken entwirrt und auf Papier festgehalten – ein wahrer Lehrmeister, dessen Lektionen ich sehr schätze (und immer geschätzt habe). Danke, Francësch, dass du mich mit deinem „Jetzt drück dich nicht!" immer so schön zum Schreiben angespornt hast!

Dank geht an Maurizio Di Giangiacomo für seine geduldig angebrachten, kenntnisreichen Ratschläge. Giulan, danke, an Roberta Dapunt, Erri De Luca, Michele Sambaldi und Luca Mercalli für ihre Beiträge. Danke, Massimo Cacciari, und bitte trainiere schön weiter, denn wir haben noch viele gemeinsame Wanderungen vor. Danke für alles, was du mit mir teilst. Dank an Don Paul Renner, der mich so oft mit seinen SMS inspiriert. Ewiger Dank an Carlo Cracco, dass es ihn gibt. Dank an Angelo

Gaja – wer zu trinken versteht, versteht zu leben – und an Giuseppe Bigolin, den klugen Unternehmer aus Venetien. Dank an Andrea Kerschbaumer, den verlorenen und wiedergefundenen Freund. Dank an Emilio Casalini, von dem ich viel übernommen habe. Sein Buch *Rifondata sulla bellezza. Viaggi, racconti e visioni alla ricerca dell'identità celata* ist Pflichtlektüre für alle, die an die Macht der Schönheit glauben. Dank an Federico Samaden, dem für sein Ospitalia-Projekt der Nobelpreis gebührt. Weitere Dankesworte gehen an Mauro Santinato, diese Lichtgestalt der Hotelbranche, an die kompetente Arbeitspsychologin Francesca Gazzola, an meine Assistentinnen Xenia und Serena, die mir jeden Tag den Rücken frei halten und somit Zeit zum Schreiben verschaffen. Dank an Gianni Frasi und Giorgio Grai; ich hoffe, ihr habt Spaß da oben mit Frank Zappa. Und grüßt mir meinen Freund Mike. Dank an Annette Rübesamen, deren Energie, Begeisterung und Überzeugung in die Übersetzung der Texte ins Deutsche eingeflossen sind. Mit ihrer Sachkenntnis und ihrem echten Interesse an sämtlichen behandelten Themen hat sie mein Buch nicht nur übersetzt, sondern gekonnt neu interpretiert.

Ein enormes Dankeschön voller Liebe geht an Giovanna, meine Frau. Mit ihr bin ich glücklich. Ausdrücklich bedanken möchte ich mich auch bei den Mitarbeiterinnen und Mitarbeitern, für ihren liebevollen und kompetenten Einsatz in unserem Unternehmen: Nicolò Bagna, Direktor des Hotels La Perla und des Berghotels Ladinia, Chiara Pieri, Direktorin des Albergo Posta Marcucci, Lisa Campagnolo, Direktorin Sales & Marketing, und Verena Ebner, Finanzdirektorin – wir sind ein tolles Team, lasst uns weiterhin so gut zusammenarbeiten! Danke an den Fotografen Stefano Butturini, der uns so oft zum Lachen bringt und der das Cover und die vielen schönen Bilder auf unseren Webseiten fotografiert hat. Danke an Claudio Canins, den

Direktor der Maratona dles Dolomites, ohne den wir nicht zahlreiche Hürden überwunden hätten. Danke auch an den Freund und wertvollen Berater Ludwig Comploj. Ohne diese geballte Unterstützung hätten wir keine Erfolgsgeschichte schreiben können. Mein Dank gilt natürlich auch den Autoren und Autorinnen, von denen ich Inspiration und Informationen bekommen habe, und den Journalistinnen und Schriftstellern, bei denen ich mich mit Gedanken und Ideen versorgt habe.

Ich danke:

Giuseppe Cederna, Schauspieler und Schriftsteller
Maurizio Maggiani, Schriftsteller und Journalist
Marco Forni, Linguist
Duccio Canestrini, Anthropologe, Journalist und Schriftsteller
Paolo Mantovan, Journalist bei „Alto Adige"
Florian Kronbichler, Schriftsteller und Journalist
Ezio Danieli, Journalist bei „Alto Adige"
Alberto Faustini, Chefredakteur von „Alto Adige" und
    „L'Adige"
Thomas Kager, Edition Raetia
Maria Teresa Milano, Dozentin für hebräische Sprache und
    Kultur
Luca Margaria, Dozent für Ethik, theoretische Philosophie und
    philosophische Anthropologie, Centro Pace
Livia Montagnoli, Journalistin bei „Il Gambero Rosso"
Sarah Gainforth und Lucia Tozzi, Journalistinnen bei
    „Domani"
Lucius Burckhardt, Soziologe, Wirtschaftswissenschaftler und
    Urbanist

# Literaturverzeichnis

Nachstehend finden Sie eine Liste der bibliografischen Hinweise auf Bücher, Liedtexte und Artikel, die während der Abfassung des Buches herangezogen wurden. Zitate aus privaten Korrespondenzen und Gesprächen mit Schriftstellern, Kollegen und Freunden sind ohne genaue Angaben, und bei einigen Klassikern habe ich beschlossen, auf eine spezifische bibliografische Angabe zu verzichten, da es viele verschiedene Ausgaben gibt, die alle als Leseempfehlung gültig sind. Einige der Zitate im Text sind aus online konsultierten Aphorismen-Sammlungen entnommen; diese Zitate sind meist so berühmt, dass sie wortwörtlich in vielen ähnlichen Sammlungen zu finden sind.

Einige Bücher habe ich in italienischer Sprache gelesen, die Zitate daraus wurden von Annette Rübesamen übersetzt. Wo möglich und greifbar, wurden Referenzübersetzung gesucht und die Zitate daraus entnommen. Wo dies nicht möglich war, wurde die italienische Übersetzung zwangsläufig zurück ins Deutsche übertragen. In diesen Fällen wird untenstehend in Klammern auf die deutsche Ausgabe hingewiesen.

S. 15 – Lucius Burkhardt, *Il falso è l'autentico*, Quodlibet, Macerata, 2019

S. 20 – *Das Buch Kohelet*, Kapitel 8,17, in: Die Bibel. Altes und Neues Testament. Einheitsübersetzung. Herder Verlag, Freiburg, 1980

S. 23 – Claudio Magris, *L'infinito viaggiare*, Mondadori, Mailand, 2005 (dt. *Ein Nilpferd in Lund. Reisebilder*, Hanser, München, 2009)

S. 24 – Alexander Langer, *Höchste Zeit für eine demokratische Umweltverfassung*, aus: Toblacher Gespräche, 1994 (alexanderlanger.org)

S. 29/30 – (Ovid) Publius Ovidius Naso, *Metamorphosen*. In deutsche Hexameter übertragen und hg. von Erich Rösch. Mit einer Einführung von Niklas Holzberg, Artemis, München, 1988

S. 31 – Saffo, *Frammenti*, traduzione e a cura di Gilberto Marconi, Edizioni dell'Orso, 2012

S. 32 –Homer, *Odyssee*, 17. Gesang, übersetzt von Johann Heinrich Voss, Bremer Presse, München, 1926 (https://www.projekt-gutenberg.org/homer/odyssee/odyssee.html)

S. 32/33 – Norbert C. Kaser, lied der einfallslosigkeit, in: *Nachrichten aus Südtirol*. Deutschsprachige Literatur in Italien. Hg. von Alfred Gruber. Olms Presse, Hildesheim, Zürich, New York 1990

S. 34 – Gilles Clémente, *Breve trattato sull'arte involontaria*, Quodlibet, Macerata, 2019

S. 37 – David Levi Strauss, *Perché crediamo alle immagini fotografiche*, Johan & Levi, Monza, 2021

S. 38 – Lucius Burckhardt, *Il falso è l'autentico*, Quodlibet, Macerata 2019

S. 42 – Paulo Coelho, *Aleph*, La nave di Teseo, Mailand, 2010 (dt. *Aleph*, Diogenes, Zürich, 2013)

S. 44 – George F. Kennan, *The Decline of Bismarck's European Order: Franco-Russian Relations 1875–1890*, Princeton University Press, Princeton, 1981

S. 47 – Pietro Anselmi, Flavio Dell'Amore, *Italiani sul ring. I campioni*, NovAntico, Pinerolo, 2014

S. 53 – *Das Buch Kohelet*, Kapitel 7,8, ebda.

S. 63 – Dino Buzzati, *I fuorilegge della montagna*, Mondadori, Mailand, 2010

S. 64 – New York Times, *36 Hours in the Dolomites*, 9. September 2018 (https://www.nytimes.com/2018/08/30/travel/what-to-do-in-the-dolomites.html)

S. 71 – Robert Macfarlane, *Montagne della mente*, Einaudi, Turin, 2020 (dt. *Berge im Kopf. Die Geschichte einer Faszination*, Matthes & Seitz, Berlin, 2021)

S. 74 – Erich Fromm, *Die Kunst des Liebens*, DVA, Stuttgart, 2006

S. 74 – Jason W. Moore, *Antropocene o capitalocene? Scenari di ecologia-mondo nella crisi planetaria*, Ombre Corte, Verona, 2017

S. 80 – Tiziano Terzani, *Briefe gegen den Krieg*. Aus dem Italienischen von Elisabeth Liebl. Rieman Verlag, München, 2022

S. 83 – *Das Buch Kohelet*, Kapitel 7,29, ebda.

S. 85/86 – Antonio Cederna, *La distruzione della natura in Italia*, Einaudi, Turin, 1975

S. 87 – Antonio Prete, *Trattato della lontananza*, Bollati Boringhieri, Turin, 2008

S. 87 – Georg Simmel, *Brücke und Tür*, Kohler, Stuttgart, 1957

S. 87 – Giulietto Chiesa, *È arrivata la bufera*, Piemme, Mailand-Segrate, 2015

S. 88 – Marc Augé, *Nicht-Orte*, Beck, München, 2019

S. 99 – Guy Debord, *Die Gesellschaft des Spektakels*. Aus dem Französischen von Jean-Jacques Raspaud. Edition Nautilus, Hamburg, 1978

S. 101 – Sextus Pompeius Festus, *De verborum significatu*, erstes Buch, Eintrag „album", vermutlich 2. Jahrhundert n. Chr.

S. 106 – Italia Nostra, zit. nach: L'Adige, 26. September 2017 (https://www.ladige.it/montagna/2017/09/26/italia-nostra-e-passo-rolle-demolire-gli-impianti-1.2632537)

S. 110 – Platon, *Die Großen Dialoge*. Übersetzt von Friedrich Schleiermacher. Anaconda Verlag, Köln, 2013

S. 112 – Cherubini Lorenzo (Jovanotti), *Le tasche piene di sassi*, Universal Music, 2017

S. 115 – Zit. nach R. Schulz, *Hin zur Stille in erschreckender Konsequenz. John Cage zum achtzigsten Geburtstag, dessen Feierlichkeiten er fernblieb*, in: NMZ/Neue Musikzeitung, Oktober/November 1992

S. 122 – Josef Kostner, *Con permesso*, Istitut Micurà de Rü, St. Martin in Thurn, 2007

S. 138 – Musil Robert, *Die Dummheit*, Universal-Bibliothek, Dietzingen, 2018

S. 139 – Friedrich Nietzsche, *Also sprach Zarathustra*, Pretorian Books, Varna 2019

S. 141 – *Das Buch Kohelet*, Kapitel 1,3, ebda.

S. 142 – Cees Nooteboom, *Mönchsauge*, Suhrkamp, Berlin, 2018

S. 146 – Cormac Cullinan, *I diritti della Natura*, Piano B, Prato, 2015

S. 147 – Bob Dylan, *Blowin' In The Wind*, Columbia Records, 1963

S. 150 – Italo Calvino, *Wenn ein Reisender in einer Winternacht*. Aus dem Italienischen von Burkhart Kroeber. Fischer Taschenbuch, Frankfurt a. M., 2012

S. 155 – Sebastiano Venneri, zit. nach: Il Sole 24 Ore, 1. Mai 2020 (https://www.ilsole24ore.com/art/la-bicicletta-contro-crisi-le-vacanze-cicloturismo-punta-una-forte-crescita-ADKMmHP?refresh_ce=1)

S. 157 – Tenzi Gyatso (14. Dalai Lama): *Mitgefühl und das Individuum* (https://www.dalailama.com/messages/compassion-and-human-values/compassion)

S. 164 – Andrea Zanzotto, *In questo progresso scorsoio*, Garzanti, Mailand, 2009

S. 164 – Edward L. Bernays, *Propaganda: Die Kunst der Public Relations*. Verlag Orange Press, Freiburg i. B., 2011

S. 169/170 – Federico Samaden, *È tempo di iniziare a parlare seriamente di ospitalità*, Edizioni Catering, Casalecchio di Reno, 2020

S. 178 – Jim Morrison, *The End*, Electra Records, 1967

S. 183 – Greta Thunberg, zit. nach: Tagesspiegel, 20. Dezember 2018 (https://www.tagesspiegel.de/berlin/klimaaktivistin-greta-thunberg-15-mein-appell-an-die-welt/23779892.htmlKattowitz)

## Hinzugezogene Werke

Giuseppe Berto, *La Gloria*, Neri Pozza, Vicenza, 2017

Emilio Casalini, *Rifondata sulla bellezza. Viaggi, racconti e visioni alla ricerca dell'identità celata*, Spino Editore, Rom, 2016

Emanuele Coccia, *La vita delle piante*, Il Mulino, Bologna, 2018 (dt. *Die Wurzeln der Welt. Eine Philosophie der Pflanzen*, Hanser, München, 2018)

Daniel Egger, *Tourismus next*, Pereira&Egger Books, 2021

Giorgio Faletti, *L'ospite*, Einaudi, Turin, 2018 (dt. *Der Ehrengast*, in: Giancarlo De Cataldo [Hrsg.], *Ich weiß um deine dunkle Seele. Italien-Krimis*, Bastei Lübbe, Köln, 2008)

Christian Felber, *Die Gemeinwohl-Ökonomie: Das Wirtschaftsmodell der Zukunft*, Deuticke, Leipzig, 2010

Nunzio Galatino, *Aprire cuori e lanciare ponti*, Il Sole 24 Ore, Mailand, 2018

Nicola Gardini, *Viva il greco*, Garzanti, Mailand, 2021

Theodor Gomperz, *Pensatori greci. Storia della filosofia antica*, vol. III: Platone, La Nuova Italia, Florenz, 1953

Pierre Hadot, *Esercizi spirituali*, Einaudi, Turin, 2005 (dt. *Philosophie als Lebensform. Antike und moderne Exerzitien der Weisheit*, Fischer, Frankfurt a. M. 2002)

Edith Hall, *Il metodo Aristotele*, Einaudi, Turin, 2019 (dt. *Was würde Aristoteles sagen? Zehn philosophische Lektionen für das Glücklichsein*, Siedler, München, 2021)

Ryszard Kapuściński, *Der Andere*, edition suhrkamp, Frankfurt a. M. 2008

Luc Lang, *La tentazione*, Edizioni Clichy, Florenz, 2021

Leonardo Lugaresi, *Andare all'Inferno*, MC, Mailand, 2021

Luca Mercalli, *Salire in montagna*, Einaudi, Turin, 2020

Edgar Morin, *Cambiamo strada: Le 15 lezioni del Coronavirus*, Raffaello Cortina Editore, Mailand, 2020

Valeria Margherita Mosca, *Imparare l'arte del foraging. Conoscere, raccogliere, consumare il cibo selvatico*, Giunti Editore, Florenz, 2019

Arne Naess, *Siamo l'aria che respiriamo*, Piano B, Prato, 2021

Papst Franziskus, *Fratelli tutti. Über die Geschwisterlichkeit*, St. Benno, Leipzig, 2020

Richard Powers, *Il sussurro del mondo*, La nave di Teseo, 2019 (dt. *Die Wurzeln des Lebens*, Fischer, Frankfurt a. M. 2020)

Attilio Scarpellini, *Il tempo sospeso delle immagini*, Mimesis, Sesto San Giovanni, 2020

Elio Vittorini, *Conversazione in Sicilia*, Bompiani, Mailand, 2021 (dt. *Gespräch in Sizilien*, Wagenbach, Berlin, 2022)

Stefano Zamagni, *Ri-umanizzare l'economia*, Città nuova, Rom, 2007

Giuseppe Zanetto, *Siamo tutti greci*, Feltrinelli, Mailand, 2018

## Hinzugezogene Webseiten

Appunti mania (2022): Un viaggiatore per eccellenza: il mito di Ulisse. Appunti di Arte cultura. www.appuntimania.com/superiori/arte-cultura/un-viaggiatore-per-eccellenzai25.php

Arge Alp: Welche besonderen natürlichen Gegebenheiten prägen das Alpengebiet? https://www.argealp.org/de/arge-alp/welche-besonderen-natuerlichen-gegebenheiten-praegen-das-alpengebiet

Michil Costa https://michilcosta.com/

Eleonora Cozzella (2007): Buon appetito. (O no?). Cucina: Cucina, ricette, videoricette, grandi chef, itinerari enogastronomici, food weblog, libri di gusto http://cucina.temi.kataweb.it/2007/03/13/buon-appetito-o-no/

Dislivelli. Ricerca e comunicazione sulla montagna. Onlinezeitschrift http://www.dislivelli.eu/blog/

Fodor's Travel: Fodor's No List www.fodors.com/news/tag/no-list

Martin Hanni (2021): Höhenluft und Größenwahn. Salto.bz www.salto.bz/de/article/29072021/berghotels?utm_source=salto+Newsletter&utm_campaign=cab91e16d8EMAIL_CAMPAIGN_2019_10_25_02_24_COPY_01&utm_medium=email&utm_term=0_774542 d048-cab91e16d8–80743461

Il Piacere di Leggere (2022): L'infinito viaggiare – Claudio Magris. www.ilpiaceredileggere.it/claudio-magris/l-infinito viaggiare#:~:text =Viaggiare%20sentendosi%20sempre%2C%20nello%20stesso,il%20 tetto%20che%20lo%20ripara

Ladinia: Die ladinische Sprache https://www.ladinia.it/de/informationen/394/ladinia/die-ladinische-sprache

Lino Latella (2016): Quando l'accoglienza diventa completa? Fondazione Arché https://arche.it/quando-laccoglienza-diventa-completa

Emanuele Lelli (2006): Ulisse. Enciclopedia dei ragazzi. Treccani Istituto della Enciclopedia Italiana www.treccani.it/enciclopedia/ulisse_(Enciclopedia_dei_ragazzi)/

Letture.org: "L'impero in quota. I Romani e le Alpi" di Silvia Giorcelli www.letture.org/l-impero-in-quota-i-romani-e-le-alpi-silvia-giorcelli

Valentino Liberto (2021): "Sostenibile è togliere, non aggiungere". Salto.bz https://www.salto.bz/it/article/15082021/luca-mercalli?utm_ source=salto+Newsletter&utm_campaign=e7e022a34e-EMAIL_ CAMPAIGN_2019_10_25_02_24_COPY_01&utm_medium= email&utm_term=0_774542d048-e7e022a34e-80743461

Simona Marchetti (2008): Stop ai pirati delle piste, c'è lo skivelox. Corriere della Sera
www.corriere.it/cronache/08_gennaio_05/skivelox_svizzera_pirati_della_neve_d325fa9c-bba3-11dc-b478-0003ba99c667.shtml

Mariateresa Montaruli (2016): Mille donne in maglia fucsia e bicicletta tra le Dolomiti patrimonio dell'Umanità. Iodonna.it
www.iodonna.it/attualita/eventi-e-mostre/2016/07/04/mille-donne-in-maglia-fucsia-e-bicicletta-tra-le-dolomiti-patrimonio-dellumanita/

Noemi Penna (2019): Dove andare e dove non andare in vacanza nel 2020. Fodor's premia le Eolie e boccia il Cervino. La Stampa
www.lastampa.it/viaggi/mondo/2019/11/22/news/dove-andare-e-dove-non-andare-in-vacanza-nel-2020-fodor-s-premia-le-eolie-e-boccia-il-cervino-1.37955513

Antonio Piemontese (2019): Overtourism Venezia. Tornate a casa vostra! Se le città si ribellano ai turisti. VD news
https://vdnews.tv/article/overtourism-italia

Giuseppe Luca Scaffidi (2019): Il turismo che distrugge il pianeta. VD news
https://vdnews.tv/article/turismo-non-sostenibile/

Ina Schmidt (2018): Was bedeutet eigentlich ... Bodenständigkeit? EMOTION Verlag GmbH
www.emotion.de/de/ina-schmidt/kolumne-schmidt-bodenstaendigkeit-5862

Marco Trabucchi (2020): Perché la bici è il mezzo del futuro. GQ Italia, Edizioni Condé Nast Spa
www.gqitalia.it/news/article/perche-bici-mezzo-del-futuro

Una parola al giorno (2013): Solidarietà
https://unaparolaalgiorno.it/significato/solidarieta

Unique Visitor: Le piste ciclabili in Italia e nel mondo. La mappa dei percorsi per bici in Italia
www.uniquevisitor.it/magazine/piste-ciclabili.php

Roberto Zanetti (2017): La Maratona Dles Dolomites è come il primo amore: non si scorda mai. Eventi e Curiosità. Tecniche Nuove Spa
www.bicitech.it/la-maratona-dles-dolomites-e-come-il-primo-amore-non-si-scorda-mai/

# Bildnachweis

Stefano Butturini (www.stefanobutturini.it): 7, 8/9, 18/19, 27, 35, 39, 40/41, 73, 98, 124, 129, 136/137, 143, 146, 178/179

Archiv La Perla: 13, 148/149, 159 (SMG)

Gustav Willeit: 17, 170

Nicola Ughi (www.nicolaughiphoto.it): 155

# Inhalt

Die Drucklegung erfolgte mit freundlicher Unterstützung der Abteilung
Deutsche Kultur der Autonomen Provinz Bozen-Südtirol

AUTONOME · PROVINCIA
PROVINZ · AUTONOMA
BOZEN · DI BOLZANO
SÜDTIROL · ALTO ADIGE
Deutsche Kultur

*Übersetzung:* Annette Rübesamen
*Umschlagfotos:* Stefano Butturini
*Umschlaggestaltung:* Philipp Putzer, www.farbfabrik.it
*Druckvorstufe:* Typoplus, Frangart

Printed in Europe

Print: ISBN 978-88-7283-828-0
E-Book: ISBN 978-88-7283-840-2

Unseren Gesamtkatalog finden Sie unter www.raetia.com.
Bei Fragen und Anregungen wenden Sie sich bitte an info@raetia.com.

Edition Raetia
verzichtet der Umwelt zuliebe
auf die Schutzfolie aus Plastik.

MIX
Papier aus verantwor-
tungsvollen Quellen
FSC
www.fsc.org   FSC® C014138